名鉄 名古屋本線

上巻（豊橋〜神宮前）

1960年代〜90年代の思い出アルバム

生田 誠 著

藤川付近の直線区間を行く7000系パノラマカー高速の豊橋行き。ここには旧東海道の宿場町藤川宿（37番目）があり、宿場町の面影が残る家並みが続く。写真右側には国道1号が平行。1977（昭和52）年に指定席特急と区別のため自由席特急を「高速」と改称した。◎藤川〜名電山中　1980（昭和55）年1月6日　撮影：安田就視

Contents

1章 豊橋～新安城

豊橋 ……………………14

伊奈 ……………………40

小田渕 …………………43

国府 ……………………44

御油 ……………………45

《豊川線の思い出》………48

名電赤坂 ………………56

名電長沢 ………………56

本宿 ……………………57

名電山中 ………………58

藤川 ……………………58

美合 ……………………59

男川 ……………………59

東岡崎 …………………68

岡崎公園前 ……………76

矢作橋 …………………82

宇頭 ……………………82

新安城 ……………………86	豊明 ……………………110	本星崎 …………………124
	前後 ……………………110	本笠寺 …………………124

2章 牛田〜神宮前

牛田 ……………………92	中京競馬場前 …………111	桜 ………………………128
知立 ……………………93	有松 ……………………114	呼続 ……………………128
一ツ木 …………………102	左京山 …………………116	堀田 ……………………129
富士松 …………………102	鳴海 ……………………116	神宮前 …………………132

乙川(矢作川の支流)を渡る7000系パノラマカー「白帯車」。背後は岡崎公園で岡崎城天守閣が見え、その後ろには名鉄岡崎ホテル(2004年閉館)がある。7000系白帯車は1982(昭和57)年に従来の7000系を座席指定特急用に改装して登場した。◎岡崎公園前〜東岡崎 1983(昭和58)年8月22日　撮影:安田就視

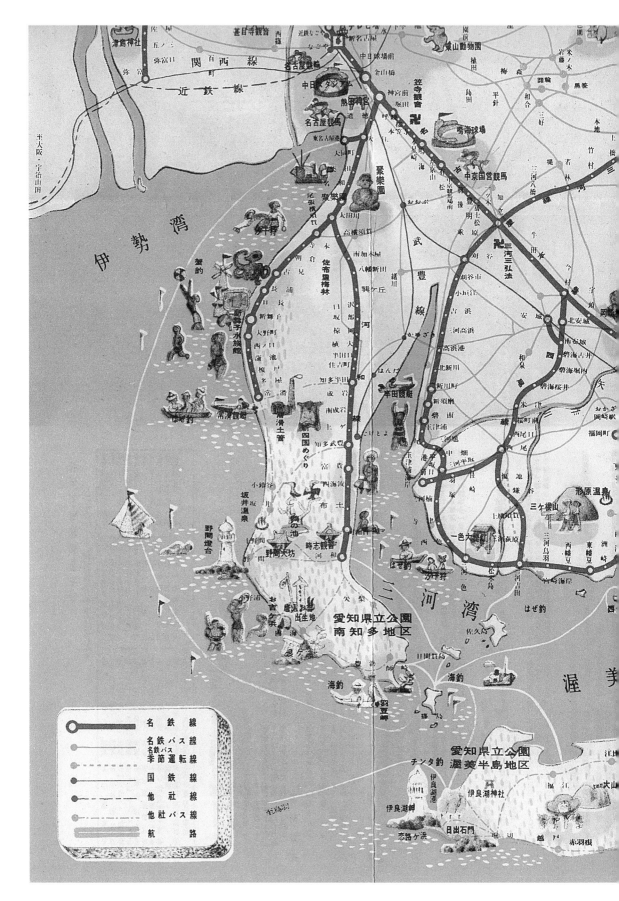

4

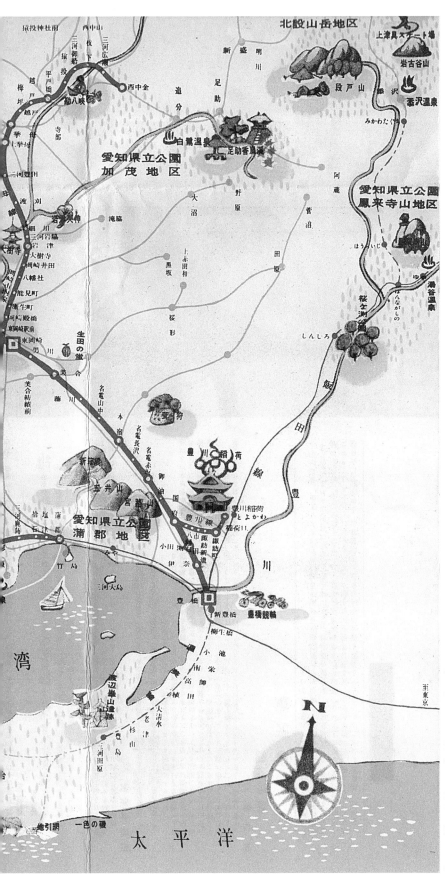

名鉄沿線案内図（部分）
【昭和戦後期】
愛知県東部部分をピックアップ
した名古屋鉄道の路線図である。
この本で取り上げた名古屋本線
とともに三河線、河和線、常滑
線、西尾線などがあり、現在は
廃止された岡崎市内線、拳母線
も見える。この地図では熱田神
宮、豊川稲荷、三河湾沿岸の西浦
温泉、知多半島の野間灯台など
の観光地、名所も描かれている。
このほか、中日スタジアム、鳴海
球場、常滑競艇、半田競艇、中京
国営競馬といった新旧のスポー
ツ、レジャー施設も見える。
◎所蔵：生田 誠

愛知電鉄沿線御案内図【1929（昭和4）年】
1929（昭和4）年に発行された愛知電鉄沿線御案内図である。東側の起終点駅は吉田駅であるが、豊橋、玉川方面に延伸し、豊川方面とも結ばれる路線の計画があったことがわかる。吉田（豊橋）駅付近には、陸軍歩兵第18連隊の練兵場とともに陸軍演習場があり、その中央を渥美電鉄（現・豊橋鉄道渥美線）の路線が通っていた。国府駅から南側の御油（現・愛知御津）駅にバス路線が見える。◎所蔵：生田 誠

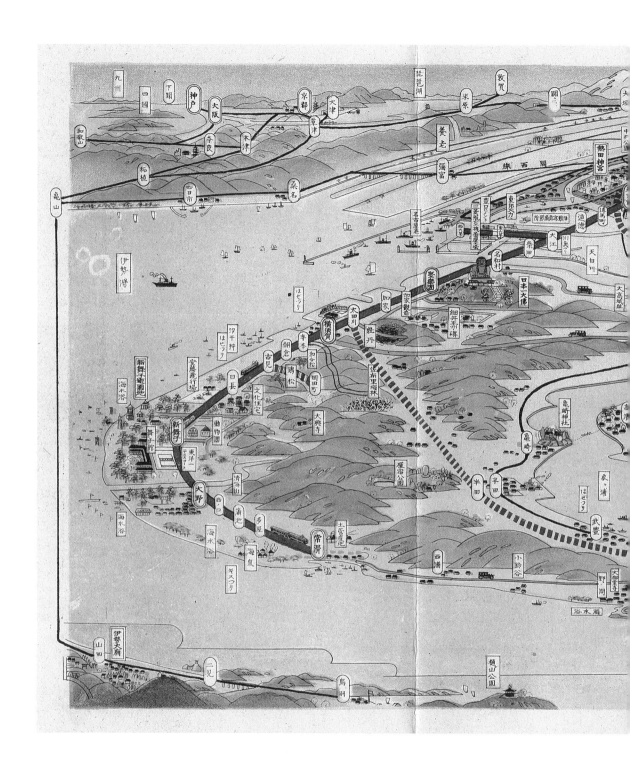

前ページの続き

愛知電鉄（愛電）の豊橋線（現・名鉄名古屋本線）の西側でも、戦時中に休止された東笠寺駅から神宮前、熱田方面に新しい路線の計画があった。この東側の鳴海駅付近では、鳴海グラウンド（球場）ともに、文化住宅（地）が誕生していた。この文化住宅・住宅地は有松、前後駅付近にもあり、桶狭間、今川義元墓、しぼり産地といった名所と併記されている。愛電は1926（大正15）年に鳴海土地を吸収合併するなど、沿線各地で住宅地の開発を行っていた。

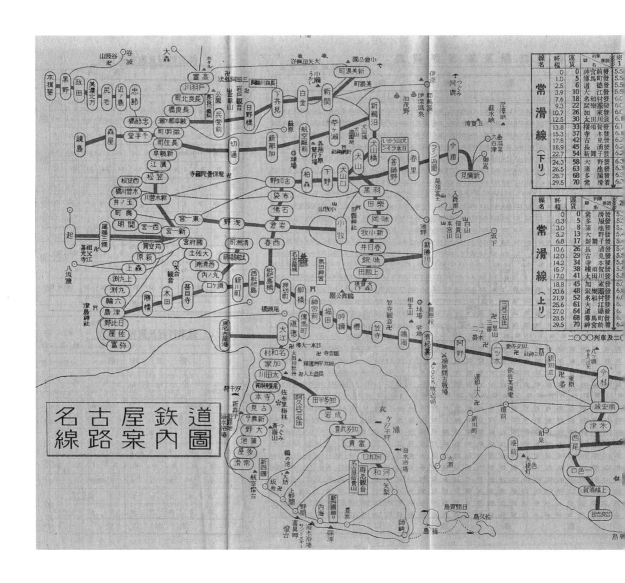

名古屋鉄道
線路案内図

線名	里程	運賃	駅名		
常滑線（下り）	0	0	神宮前	発	5.5
	1.0	5	前田町	発	5.5
	2.5	6	道下伝馬	発	5.5
	3.9	10	大江村	発	6.0
	7.6	18	大和名	発	6.0
	9.3	22	柴田栄	発	6.0
	10.7	26	加家	発	6.0
	12.5	30	横須賀	発	6.1
	13.8	33	古見	発	6.1
	17.5	42	寺本	発	6.1
	18.9	45	新舞子	発	6.2
	22.7	54	大野	発	6.2
	24.3	58	大浦	発	6.3
	26.5	63	多屋	発	6.3
	28.7	69	常滑	発	6.3
	29.5	70			

線名	里程	運賃	駅名		2
常滑線（上り）	0	0	常滑	発	
	0.3	5	多屋	発	
	3.0	8	大浦	発	
	5.2	13	大野	発	
	6.8	17	新舞子	発	
	10.6	26	寺本	発	
	12.0	29	古見	発	
	14.2	34	横須賀	発	
	15.7	38	加家	発	
	17.0	41	柴田栄	発	
	18.8	45	大和名	発	
	20.6	48	道下伝馬	発	
	21.9	52	大江村	発	
	25.6	61	前田町	発	
	27.0	64			
	28.5	69	神宮前	発	
	29.5	70			

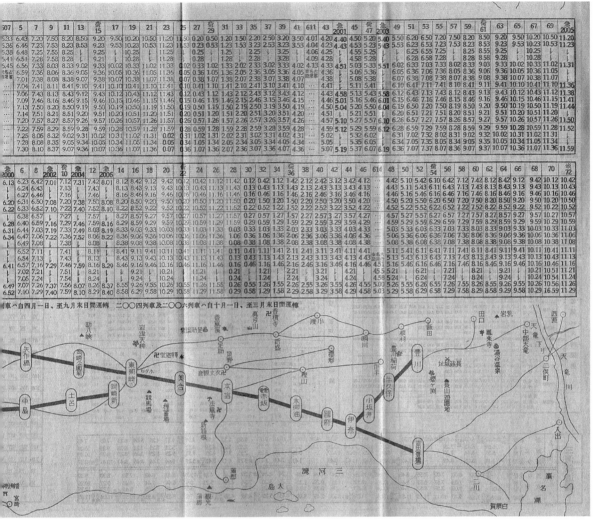

名古屋鉄道線路案内図・常滑線時刻表【昭和戦前期】
愛知県、岐阜県に路線を延ばしていた名鉄の路線図である。現在の名鉄は1935（昭和10）年に愛知電気鉄道（愛電）と名岐鉄道（名岐）が合併して発足した。名古屋本線の東西連絡線が開通する以前であり、豊橋線西端の神宮前駅と一宮線東端の柳橋駅との間は線路がつながっていなかった。名岐線の東枇杷島〜新名古屋間が開通するのは1941（昭和16）年8月で、このときに柳橋駅、押切町駅は廃止された。◎所蔵：生田　誠

はじめに

　名古屋鉄道（名鉄）の名古屋本線は、愛知県の豊橋駅と岐阜県の名鉄岐阜駅の間（99.8キロメートル）を結ぶ名鉄の一大幹線である。その歴史をたどれば、東海地方の私鉄のパイオニアであった愛知電気鉄道、名古屋電気鉄道、美濃電気軌道にさかのぼり、それぞれに発展した豊橋線（東部線）と名岐線（西部線）が連結されることで一本の路線となった。現在の形となるのは1941（昭和16）年8月。いわゆる名古屋市内の東西連絡線が開通し、新しい名古屋本線が誕生し、国鉄と連絡する新名古屋駅も開業している。

　同じ区間にはJR東海道本線が走っており、ライバル関係となった両線は熾烈な乗客獲得合戦を繰り広げてきた。本書で扱う神宮前〜豊橋間の路線（東部線）は東海道本線に比べて、北側の内陸部分を通っているのが大きな特徴である。東海道五十三次で知られる街道の東海道ともほぼ重なり、現在の国道1号と並行して走る区間も長い。東端の豊橋駅は江戸から数えて34番目の吉田宿、西端の神宮前駅は41番目の宮宿のあった場所におかれている。

　また、沿線には長い歴史をもつ名所、旧跡も多く、岡崎・豊橋は徳川家にゆかりの城下町から発達した街であり、熱田（神宮前）、豊川は熱田神宮、豊川稲荷の門前町として全国的にも有名である。本書はこうした名古屋本線東側の路線の歴史を振り返りつつ、車両や沿線風景の写真を紹介するものである。

2020（令和3）年3月　生田 誠

1章
豊橋〜新安城

豊橋駅3番線停車中の7000系パノラマカー。1961 (昭和36) 年6月に3編成が登場し、豊橋〜新岐阜間の特急として運転開始された。鮮やかな赤、前面展望室、冷房完備、しかも料金不要の衝撃的なデビューとなり、名古屋っ子の自慢でもあった。
◎豊橋　1962 (昭和37) 年2月28日　撮影：荻原二郎

豊橋
とよはし

開業 1888（明治21）年９月１日　　**所在地** 愛知県豊橋市花田町字西宿無番地

現在は、JR東海道線、東海道新幹線が停車する豊橋駅に乗り入れている名鉄本線だが、1943（昭和18）年８月に豊川鉄道（現・JR飯田線）が国有化される前までは、名古屋本線が豊川鉄道線と共用する形で吉田駅を使用していた。1927（昭和２）年６月に伊奈〜吉田間が開業して、吉田駅が開業。1943年８月に起終駅の吉田駅は、統合されて豊橋駅となっている。

こうした歴史的背景を受けて、現在の豊橋駅は１・２・４番線を飯田線、５〜８番線を東海道線が使用し、３番線を名鉄線が使用している。この西側に東海道新幹線の11〜13番ホームがある。JR在来線・名鉄線は単式（１線）・相対式（２面４線）・頭端式（２面３線）のホームを合わせた５線８面があり、９・10番線は旧・二俣線用のため、現在は使われていない。新幹線は単式、島式を組み合わせた２面３線のホームである。また、南東には豊橋鉄道渥美線の新豊橋駅、東側に東田本線（豊橋市内線）の駅前停留場が存在する。

豊橋駅の歴史は1888（明治21）年９月、官設鉄道（現・東海道本線）の大府〜浜松間の開通時に開業している。1897（明治30）年７月には豊川鉄道の豊橋〜豊川間が開通し、東海道本線と接続することになった。その後、1899（明治32）年12月、豊川鉄道の駅は北側で独立する形で吉田駅となり、豊橋駅とは分離された。その後、1943年に吉田駅が豊橋駅となったのは先述に通りである。その間、豊橋電気軌道（現・豊橋鉄道東田本線）と渥美電鉄（現・豊橋鉄道渥美線）の停車場、駅が誕生している。また、一時は国鉄二俣線が乗り入れていた。1964（昭和39）年10月には、東海道新幹線の停車駅となっている。この新幹線の駅は在来線と同じ地上駅で、線路、ホームはほぼ地平レベルに置かれている。

豊橋には江戸時代、譜代大名が入る吉田藩が存在したが、明治維新後の1869（明治２）年に豊橋藩と改称している。ここには吉田城があり、東海道の宿場である吉田宿が置かれて、湊町としての吉田湊が存在した。「豊橋」の名称は、豊川に架かる橋から採られている。1878（明治11）年に豊橋町が成立し、1906（明治39）年に市制を施行して豊橋市となった。

豊橋市は、現在の人口約37万3000人で、愛知県では５番目である。1999（平成11）年に中核市になっている。かつては製糸業が盛んで、長野県岡谷市や群馬県前橋市と並ぶ製糸都市だった。また、現在でも市南部に畑が多く、野菜の栽培が盛んである。この豊橋市には1946（昭和21）年、中国・上海にあった東亜同文書院学院の学生、教職員を受け入れる愛知大学が開校している。現在は同大学の豊橋キャンパスとなっている。また、1976（昭和51）年には国立の豊橋技術科学大学が誕生している。

東三河を代表する豊橋市の玄関口。名鉄とJRが共同使用する豊橋駅は、近代的でスマートな外観をもっている。

ボンネットバスが見える豊橋駅の駅前風景。この駅は1950（昭和25）年、地元の人々も出資した全国初の「民衆駅」として誕生した。手前の駅前広場には、水面から浮かび上がるモニュメントが見える。◎1960（昭和35）年3月15日　撮影：小川峯生

豊橋駅で折り返す5000系特急の新岐阜行き。豊橋駅は国鉄飯田線と東海道本線に挟まれた3番線に発着する（現在も同じ）。5000系は東海道線への湘南形80系投入に対抗し、1955（昭和30）年に登場した名鉄初の高性能電車。写真右側に国鉄の80系電車が見える。◎豊橋　1960（昭和35）年3月8日　撮影：清水武

豊橋へ到着する登場後間もない7000系パノラマカー。背後には国鉄東海道線の湘南形80系電車が見える。当時の東海道線ローカル列車は80系電車が主力だったが、昼間は毎時1本程度で汽車時代のままだった。◎豊橋　撮影：清水 武

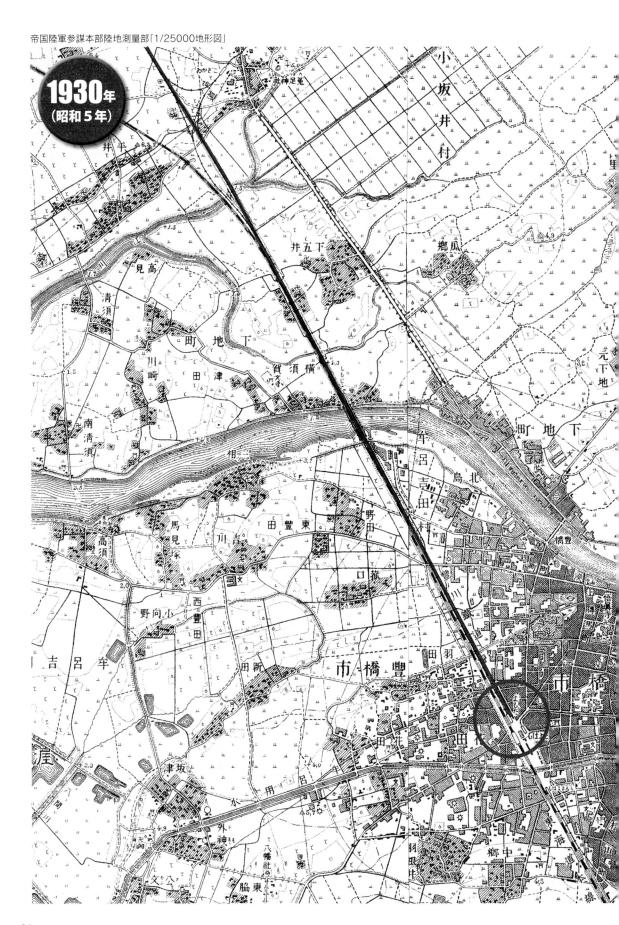

1930年
（昭和5年）

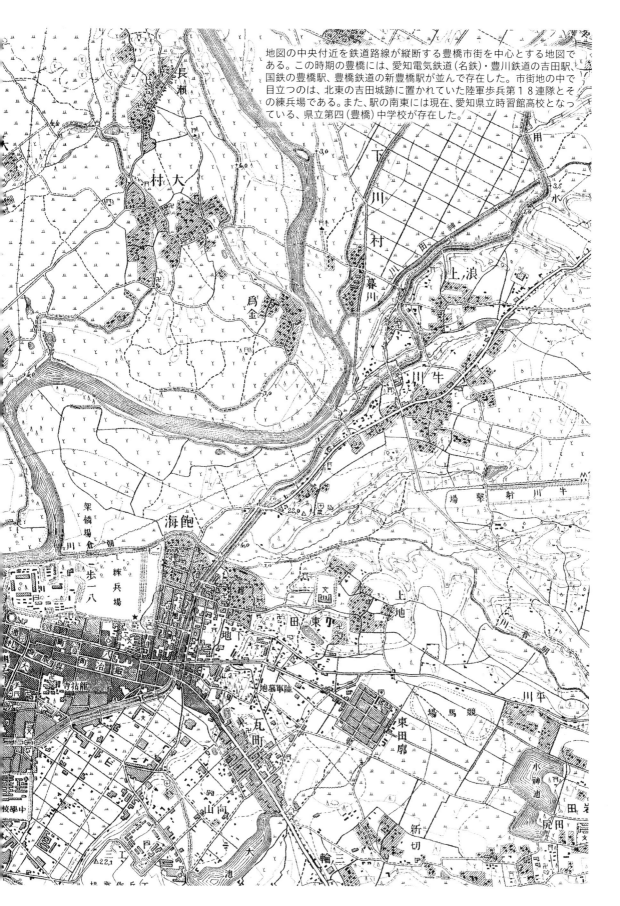

地図の中央付近を鉄道路線が縦断する豊橋市街を中心とする地図である。この時期の豊橋には、愛知電気鉄道（名鉄）・豊川鉄道の吉田駅、国鉄の豊橋駅、豊橋鉄道の新豊橋駅が並んで存在した。市街地の中で目立つのは、北東の吉田城跡に置かれていた陸軍歩兵第18連隊とその練兵場である。また、駅の南東には現在、愛知県立時習館高校となっている、県立第四（豊橋）中学校が存在した。

豊橋駅で発車を待つ3400系の特急新岐阜行き。1930年
代には世界的に流線形が流行し、1937 (昭和12) 年、当時
の愛知電気鉄道に登場した流線形電車で「いもむし」の
愛称がある。転換式クロスシートで戦後も特急に活躍し
た。写真左は国鉄飯田線の電車。◎豊橋　1955 (昭和30)
年5月6日　撮影：荻原二郎

1955（昭和30）年登場の5000系。名鉄初の高性能車で正面2枚窓。車体は丸みを帯び、2ドア転換式クロスシートで登場時は豊橋～新岐阜間の特急・急行として運行された。台車、一部機器を5300系に譲り、1986（昭和61）年までに廃車された。
◎豊橋　1956（昭和31）年11月14日　撮影：荻原二郎

1951（昭和26）年に登場した戦後初の本格的特急車3850系（新岐阜方の先頭はク2856）。2ドア、固定クロスシートで特急・急行に使用された。ピンクとマルーンの塗分けで登場し、この塗り分けは5000系、5500系にも受け継がれた。
◎豊橋　1956（昭和31）年11月14日　撮影：荻原二郎

豊橋駅の飯田線ホーム。1、2番線を飯田線、3番線を名鉄が使用し現在でも変わらない。左がクハ16先頭の辰野行き電車、右が流線形クモハ52の豊川行きでオレンジと紺の飯田線快速色である。◎豊橋　1960（昭和35）年11月27日　撮影：荻原二郎

豊橋発岡崎行きの3800系（先頭はク2820）の普通列車。3800系は戦後の1948～49年に70両が製造され、1948（昭和23）年5月からの豊橋～新岐阜間直通運転にも使用され、戦後の輸送改善に大きく貢献した。写真左側は国鉄飯田線のクハユニ56。◎豊橋　1956（昭和31）年11月14日　撮影：清水武

豊橋駅3番線で折り返す登場翌年のパノラマカー。最後部はモ7007。登場時は前面の列車種別、行先表示板もフロントアイも無くすっきりしている。写真右には飯田線のクモハ14が見える。◎豊橋　1962（昭和37）年8月22日　撮影：清水武

「いもむし」の愛称がある流線形3400形。製造時は2両だったが戦後に中間車を挟み4両固定編成になった。1967（昭和42）〜68年に不燃化改造され、車体は一部を除き全金属化され前面窓も曲面ガラスで連続窓となった。
◎豊橋　1979（昭和54）年5月21日　撮影：鈴木鋼一

豊橋で並ぶ流線形3400形とパノラマカー新岐阜行き急行。飯田線用の1番線に名鉄車が入るのは珍しい。
◎豊橋　1979（昭和54）年5月21日　撮影：鈴木鋼一

豊橋で並ぶモ800形両運転台車の荷物電車と飯田線の郵便荷物電車クモユニ147形。119系と連結して辰野まで直通する。
◎豊橋　1983 (昭和58) 年 9 月10日　撮影：鈴木鋼一

最後の活躍をするク2310形2314。ク2310形は1935 (昭和10) 年に登場した旧名岐鉄道モ800形の付随車で戦後に運転台を取付け制御車となった。2 ドア、クロスシートで登場したが、後にロングシート化された。左は「スカ色」となった国鉄飯田線の電車。◎豊橋　1978 (昭和53) 年 3 月20日　撮影：長渡 朗

豊橋を発車する7000系パノラマカー「白帯車」新岐阜行き。1982（昭和57）年、国鉄が快速に117系を投入したことに対抗し、パノラマカーの一部を車内改装し「白帯車」となり座席指定特急として運行された。写真右側に飯田線の165系電車が見える。
◎豊橋　1984（昭和59）年 6 月 4 日　撮影：安田就視

1988（昭和63）年7月からこれまでの7000系パノラマカー「白帯車」に代わり名古屋本線に集中投入されたパノラマスーパー1000系の座席指定特急。リクライニングシート、4両固定編成で両端が展望室となった。
◎豊橋　1990（平成2）年7月14日　撮影：安田就視

3900系（先頭はモ3901）の準急鵜沼行き。3900系は1952（昭和27）年、3850系の改良型として蛍光灯照明で登場した固定クロスシート車。2両固定で登場したが後に4両編成となった。塗装もスカーレット（赤）となった。◎豊橋　1981（昭和56）年5月1日　撮影：長渡 朗

豊橋駅で国鉄113系の普通列車と並ぶ特急新岐阜行きパノラマカー。運転士が車体外側の階段を伝って運転室に出入りする。右側の国鉄113系の2～4両目は1977（昭和52）～78年に80系置き換えで投入された113系2000番台。◎豊橋　1984（昭和59）年6月4日　撮影：安田就視

名鉄本線、東海道本線と飯田線が乗り入れている豊橋駅には、駅前に豊橋鉄道の新豊橋駅、駅前停留場も置かれている。これは駅前広場、駐車場などが整備された1977（昭和52）年の駅前風景である。1970（昭和45）年に誕生した豊橋駅の駅ビルはこの後、1996（平成8）年に東西自由通路をもつ橋上駅舎に生まれ変わり、商業施設のカルミア、ホテルアソシア豊橋なども誕生する。
◎1977（昭和52）年6月　提供：朝日新聞社

1888（明治21）年に官設鉄道の駅として誕生した豊橋駅は、太平洋戦争の戦災で焼失した後、1950（昭和25）年に全国初となる民衆駅が誕生した。この民衆駅とは、国鉄と民間が協力して建てた駅舎で、豊橋市民が出資したこの駅は、日本で最初の試みだった。その後、1970（昭和45）年に新駅舎として、豊橋ステーションビルが誕生した。
◎1970（昭和45）年5月22日　提供：朝日新聞社

豊川橋梁上ですれ違うパノラマカー。豊橋〜小坂井信号場間は
飯田線との供用区間となっている。行き交う車両と河川敷の風
景は大きく変わったが、運行形態は継続されている。
◎豊橋〜伊奈　1976（昭和51）年1月2日　撮影：寺澤秀樹

豊橋〜伊奈間の平井信号場付近上り線を行く5000系の特急豊
橋行き。ここで名鉄は国鉄飯田線と合流して豊橋へ向かう。
写真後方で飯田線下り線と名鉄上り線が交差。名古屋本線の
特急はパノラマカーのほか5000系や5500系も運行した。
◎豊橋〜伊奈　1975（昭和50）年11月6日　撮影：長渡 朗

名鉄3880系(先頭はモ3885)普通
列車とED62 11(豊橋機関区)が牽
引する飯田線下り貨物列車。3880
系は1975(昭和50)年に東急3700
系を譲り受けたもので、大手民鉄同
士の車両譲渡は珍しかったため鉄道
ファンの間で話題になった。◎豊橋
〜伊奈 1978(昭和53)年9月22
日 撮影:安田就視

豊橋〜伊奈間の豊川放水路鉄橋を渡る豊
橋行き7000系パノラマカー。この区間
は名鉄と飯田線との共用区間で、下り線
は国鉄、写真の上り線は名鉄が所有して
いる。写真左方で名鉄と飯田線が分岐す
る。◎豊橋〜伊奈 1978(昭和53)年9
月22日 撮影:安田就視

100年前の名鉄沿線風景 (1)

豊橋駅と吉田駅【昭和戦前期】
国鉄の豊橋駅と、豊川鉄道（現・JR飯田線）・愛知電気鉄道の吉田駅（停車場）が並列して存在した頃の豊橋駅前。人力車や荷車に交じって、タクシーの数も増えてきた昭和初期の風景と思われる。

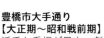

豊橋市大手通り
【大正期～昭和戦前期】
派手な看板が目立つ劇場が見える、豊橋市の大手通り。吉田城（豊橋公園）に近い豊橋駅の北東に位置するこのあたりには、豊橋市のシンボルとされる公会堂が残り、昔ながらの商店も多く見られる。

吉田城【昭和戦前期】
戦国時代の1505（永正2）年に今川氏親の家臣、牧野古白が築城し、江戸時代には吉田藩松平氏らの居城だった吉田城。明治維新後に豊橋城と呼ばれるようになり、陸軍歩兵第18連隊が置かれていた。

陸軍歩兵第18連隊
1884（明治17）年に名古屋で誕生し、豊橋に移駐してきた日本陸軍の歩兵第18連隊。日清戦争、日露戦争、日中戦争に参加した後、太平洋戦争では南洋のテニアン、サイパン、グアムを転戦した。

豊橋市札木通り【大正期】
大正期と推測される札木通りの風景で、右手に豊橋郵便局が見える。豊橋郵便局は1959（昭和34）年に札木町から南側の神明町に移転した。現在、この札木町には豊橋鉄道東田本線の札木停留場が置かれている。

豊橋市公会堂【昭和戦前期】
豊橋公園の南西に位置している豊橋市公会堂。1931（昭和6）年に竣工した鉄筋コンクリート造りで、外観はロマネスク様式を基調としている。1945（昭和20）年には、仮市役所の役割も果たしていた。

伊奈 いな

開業 1927（昭和2）年6月1日　**所在地** 愛知県豊川市伊奈町南山新田292-1

　豊橋駅と次の伊奈駅の駅間は5.0キロと長くなっている。一方で、同じ区間を走る飯田線には、豊橋市内に船町駅、下地駅という2駅が存在している。これはJR飯田線の前身であった豊川鉄道と、名鉄本線の前身である愛知電気鉄道（現・名鉄本線）が、戦前においてそれぞれ単線を保有し、共用する形での複線運行してきた歴史があるからである。名鉄本線は、やがて豊川、豊川放水路を渡って豊川市内に入る。豊川放水路に近い豊川市平井町には平井信号場が置かれており、ここで名鉄本線と飯田線が分岐することになる。

　ここから分かれた飯田線には、小坂井駅が置かれている。1898（明治31）年3月に豊川鉄道の駅として開業した古参駅で、1943（昭和18）年8月の国有化で、国鉄飯田線の駅となっている。この小坂井駅は、1926（大正15）年4月、愛知電気鉄道豊橋線（現・名古屋本線）の東岡崎〜小坂井間が開通した際の東側の終着駅で、豊橋線の列車はここから豊川鉄道線に乗り入れて、豊橋（吉田）方面に向かっていた。1927（昭和2）年6月、豊橋線の伊奈〜吉田（現・豊橋）間が開業し、伊奈〜小坂井間は小坂井線に変わる。

　伊奈駅が開業したのは、この1927年ごろとされている（開業日に関して不明）。このときに支線となった小坂井支線は、1954（昭和29）年12月に廃止され、小坂井駅も姿を消した。

　一方、豊川放水路付近まで名鉄本線と並行して走ってきたJR東海道本線は、豊川市内で次第に南側に離れてゆき、伊奈駅の南西には西小坂井駅が置かれている。この駅は1945（昭和20）年6月に開設さ

れた西小坂井信号場が、1948（昭和23）年8月に駅に昇格し、西小坂井駅となった。

　現在の伊奈駅の構造は、島式と相対式を組み合わせた2面3線のホームを有し、1996（平成8）年3月に橋上駅となっている。橋上化に伴い、1〜3番線が2〜4番線と変わり、1番線は欠番となった。一部の快速特急、特急とともに急行、準急、普通が停車する。

　この伊奈駅の西側、東海道本線の線路の間には、多くの工場が集まっている。カゴメ小坂井工場、雪印メグミルク豊橋工場、富士紡績（フジボウ）小坂井工場、日本トレクス本社などで、食品関係のメーカーが多い。

5200系（先頭はモ5209）と5500系（後半4両）を併結した8両編成の高速豊橋行き。5200系は1957（昭和32）年登場で、正面が貫通ドア付きになった。3両目に5000系の中間車モ5150形が入った珍しい編成である。1977（昭和52）年に指定席特急と区別のため「高速」と改称された。
◎豊橋〜伊奈　1978（昭和53）年9月22日
撮影：安田就視

![駅舎の写真]

1996（平成8）年に橋上駅となった伊奈駅。特急や快速特急の一部も特別停車する駅である。

飯田線と合流する平井信号場付近を行く7500系パノラマカーの高速豊橋行き。
◎豊橋〜伊奈　1978（昭和53）年9月22日　撮影：安田就視

パノラマカー前面展望室からは様々
な電車とすれ違う。3730系（先頭は
モ3740）2両の伊奈行き普通列車。
3730系は大正末期〜昭和初期製造
の半鋼製車の機器を再利用して車体
を新造し、1964（昭和39）年に2両
固定編成で登場した。◎1967（昭和
42）年9月5日　撮影：荻原二郎

直線区間を時速110キロで快走する下り
パノラマカーの前面展望室から撮影し
た上り豊橋行きパノラマカー7000系6
両。登場時は前面に何もなかったが、走
行線区の多様化で1962（昭和37）年頃か
ら前面に行先、種別表示板が取り付けら
れた。◎1967（昭和42）年9月5日
撮影：荻原二郎

小田渕 <small>おだぶち</small>

開業 1934（昭和9）年1月14日 **所在地** 愛知県豊川市小田渕町卯足43-4

　伊奈駅と小田渕駅の駅間は1.6キロで、次の国府駅との駅間は3.0キロとやや長くなっている。小田渕駅付近では、名鉄本線は東海道（国道1号）の西側を走っている。この小田渕駅は、愛知電気鉄道が開業した8年後の1934（昭和9）年1月に開業している。

　現在の小田渕駅の構造は相対式ホーム2面2線の地上駅で、ホームは4両編成に対応しており、6両編成の列車は後ろ2両が締め切りとなる。駅舎は上下各線に置かれており、ホーム間を連絡する跨線橋などは存在しない。快速特急、特急、急行は通過して、普通のみが停車する。1967（昭和42）年以来、無人駅となっている。

　この小田渕駅は、白川と佐奈川という2つの二級河川に挟まれた場所に置かれている。佐奈川の堤防には、桜の木が植えられており、豊川市における花見スポットとなっている。

相対駅ホーム2面2線の小田渕駅だが、ホームの長さは4両編成対応。普通列車のみが停車する駅のひとつ。

国府 こう

開業 1926（大正15）年4月1日　**所在地** 愛知県豊川市久保町葉善寺35

「国府（こう）」の地名は全国各地にみることができ、古代に国府が置かれていた場所とされる。名鉄本線の国府駅が置かれている付近にはかつて三河国国府があり、駅名の由来となっている。国府駅の所在地は豊川市久保町で、この南東に白鳥町、国府町が存在する。駅の南東、白鳥町には曹洞宗の寺院、曹源寺が存在するが、1991（平成3）年から実施された発掘調査により、この寺の境内に8〜10世紀の間、三河国国府の国庁が置かれていたことが確認された。この西側には三河総社が鎮座している。

国府駅は、名鉄本線と豊川線の乗換駅となっている。1925（大正14）年4月、愛知電気鉄道の駅として開業。名古屋鉄道の駅となった後、1945（昭和20）年2月に豊川市内線が開通した。現在の駅の構造は島式ホーム3面6線の地上駅で、橋上駅舎を有している。名古屋本線は1〜5番線、豊川線は4〜6線を利用している（4・5線は共用）。一部の快速特急が停車するほか、特急ほかの全列車が停車する主要駅のひとつとなっている。

この駅の西側には、東三河ふるさと公園が広がっている。2006（平成18）年に愛知県で11番目の県立公園としてオープンしたこの公園は、約124ヘクタールの面積があり、遊歩道が整備されて、修景庭園、三河郷土の谷、東三河遊び宿、三河山野草園、ピクニック園地などを巡ることができる。

1987（昭和62）年に橋上駅となった国府駅。名古屋本線と豊川線の接続駅で、利用者も多い。

1987（昭和62）年に橋上駅舎に変わる前、地上駅舎時代の国府駅で、駅前には名鉄バスの停留所の時刻表が見える。1926（大正15）年に誕生した駅らしく、駅舎の壁に架かれた駅名の文字は「國府驛」という旧字体で書かれている。
◎1962（昭和37）年2月28日　撮影：荻原二郎

モ800系(先頭はモ808)の豊橋行き普通列車。2両目はク2310形。800系は1935(昭和10)年に登場し、名古屋〜岐阜間で特急として運行。登場時はクロスシート、両運転台。戦時中にロングシート化され戦後に一部を除き片運転台化された。
◎国府　1952(昭和27)年8月1日　撮影：荻原二郎

御油 ごゆ

開業 1926(大正15)年4月1日　**所在地** 愛知県豊川市御油町西井領24

　江戸時代の東海道で、吉田宿と赤坂宿の間に置かれていた御油宿(35番目)。この御油宿には、御油の追分という分かれ道があり、東海道の本街道とともに、姫街道とも呼ばれる本坂通が存在した。この本坂通は、浜名湖の北側を通り、見附宿で再び本街道と合流していた。浜名湖の南側、今切口付近は地震の影響などで地形が変わっているため、古来こちらの街道を通る人々も多かった。御油の追分は、御油駅と国府駅の中間付近にある現在の東海道の追分交差点の西側にあり、常夜灯と道標が残っている。

　江戸(東京)と京都・大坂(阪)を結ぶ交通の大動脈だった東海道に代わって、明治維新後に開通した鉄道(現・JR東海道本線)は、三河湾沿いの海側を通ることになり、1888(明治21)年9月に御津町(現・豊川市御津町)に御油駅(国鉄)が設置された。この御油駅は1948(昭和23)年に愛知御津駅と改称し、現在に至っている。一方、1926(大正15)年4月に開通した愛知電気鉄道には、本御油駅が設置された。この駅が1949(昭和24)年3月に改称したのが、名鉄本線の御油駅である。

　現在の御油駅の構造は、相対式ホーム2面2線の地上駅で、上下線にそれぞれ駅舎が置かれている。この駅には跨線橋や構内踏切がなく、上下ホームの連絡は駅横の踏切を渡る必要がある。快速特急、特急、急行などは通過し、普通のみ停車する。

　この御油駅の南側、音羽川沿いには御油の松並木

資料館が置かれている。音羽川に架かる御油橋を通る県道374号は、旧東海道の経路を踏襲しており、赤坂宿との間に御油の松並木が保存されている。この松並木は、御油宿の西端から赤坂宿の東端まで約600メートル続き、約270本の松の木が立ち並び、1944(昭和19)年に国の天然記念物に指定されている。また、駅の南西にある曹洞宗の寺院、西明寺は平安時代に天台宗の寺院として創建された古刹で、北条時頼や徳川家康にゆかりの寺として知られる。この寺には明治時代に来日して、日本の医学の発展の尽くしたドイツ人、エルヴィン・フォン・ベルツ博士の妻、戸田花子の先祖の菩提寺であり、ベルツ博士の供養塔が建てられている。

踏切を挟んで、上下線の駅舎が並び建つ形となっている御油駅。ホームは4両編成対応でかなり短い。

「なまず」の愛称がある1937（昭和12）年に登場した流線形モ850形モ852。片運転台でク2350と組んで使用された。前面
上部に三本線が入り「なまずのヒゲ」といわれ、独特の形でファンに人気があった。後方に貨物ホームがある。
◎国府　1952（昭和27）年8月1日　撮影：荻原二郎

3500系（先頭はモ3501）2両の岡崎行き普通列車。写真右には5500系特急が停車中。3500系は戦時中の1942（昭和17）年に3ドアで登場し、戦後の1951（昭和26）年に電動車（モ3500）は2ドア化された。2両目のク2500は3ドアのまま。
◎国府　1962（昭和37）2月28日　撮影：荻原二郎

豊川線の思い出

3850系（後部はクハ2856）2両編成の豊川稲荷行き。行先
札は豊川となっている。3850系は特急用として登場した
が、パノラマカー登場後は急行から普通まで幅広く運行さ
れた。塗装は1960年代後半にクリームに赤帯になった。
◎稲荷口　1972（昭和47）年6月6日　撮影：荻原二郎

頭端式ホーム1面2線をもつ豊川稲荷駅は、支
線の終着駅らしい独特の風情を漂わせている。

豊川線の終点駅である豊川稲荷駅は、1954（昭和
29）年12月に新豊川駅として開業し、1955（昭和
30）年5月に現在の駅名となった。豊川稲荷に向か
う門前駅らしく、横幅の広い改札口を有している。
◎1962（昭和37）年2月28日　撮影：荻原二郎

国鉄豊川駅に隣接する豊川稲荷駅に停車中の3700系ク2718（2両目はモ3718）。3700系は1957（昭和32）～1963（昭和38）年に木造車を鋼体化（車体を新造、台車および機器を再利用）して登場。当初はロングシートだが後に転換クロスシート化された。◎豊川稲荷　1962（昭和37）年2月28日　撮影：荻原二郎

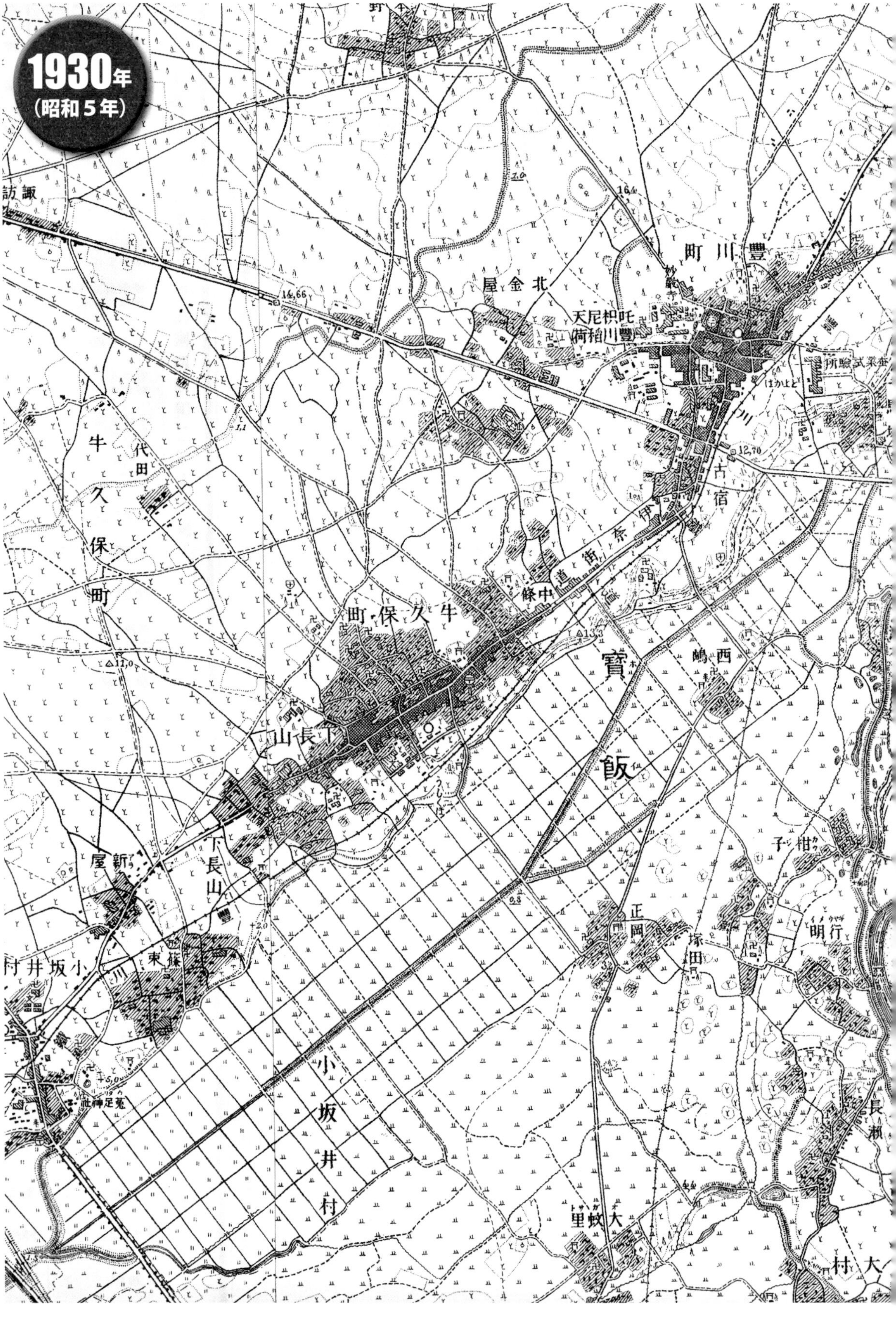

1930年
（昭和5年）

諏訪

町川豐

屋金北

天尼枳咋
荷稲川豊

所驗試業蚕

代田

牛久保町

古宿

山長

牛久保町

中條

街条京中道街

寶

西鴫

飯

子柑

東篠
川小坂井村

下長山

屋新

明行

正岡

塚田

祉師足兎

小坂井村

里蚊大

村大

長瀬

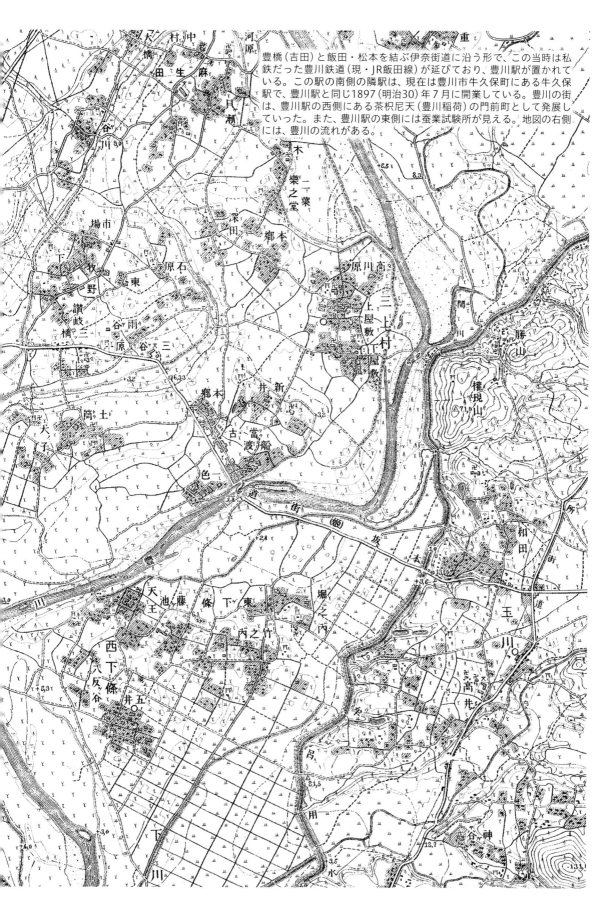

豊橋（吉田）と飯田・松本を結ぶ伊奈街道に沿う形で、この当時は私鉄だった豊川鉄道（現・JR飯田線）が延びており、豊川駅が置かれている。この駅の南側の隣駅は、現在は豊川市牛久保町にある牛久保駅で、豊川駅と同じ1897（明治30）年7月に開業している。豊川の街は、豊川駅の西側にある茶枳尼天（豊川稲荷）の門前町として発展していった。また、豊川駅の東側には蚕業試験所が見える。地図の右側には、豊川の流れがある。

戦前の豊川には、東洋最大規模といわれた豊川海軍工廠が置かれていた。この施設は日本海軍の一大兵器工場で、1939（昭和14）年に開設されている。しかし、1945（昭和20）年8月の空襲により壊滅し、広大な跡地は戦後、自衛隊基地、工場や公園などに変わった。これは工場団地に変わりつつあった部分で、日本車両豊川蕨製作所などが誕生している。また、2018（平成30）年には、豊川海軍工廠平和公園が開園した。アクセスは名鉄を利用した場合、豊川線の諏訪町駅から徒歩約10分である。
◎1973（昭和48）年5月　提供：朝日新聞社

100年前の名鉄沿線風景（2）

豊川駅【大正期】
1897（明治30）年に豊川鉄道（現・JR飯田線）の起終点駅として開業した豊川駅。瓦屋根の面を複雑に組み合わせた独特の外観で、当時の豊川町の玄関口となっていた。

豊川駅【昭和戦前期】
豊川駅の駅舎は、豊川鉄道時代の1931（昭和6）年12月、鉄筋コンクリート造3階建てに建て替えられた。この駅舎には豊鉄デパートが入店し、豊川稲荷の参詣客らで賑わっていた。

豊川稲荷門前の街並み【大正期】
豊川稲荷は正式には曹洞宗の寺院、円福山豊川閣妙厳寺であり、これは灯籠が並んでいる総門前の風景。門前町らしい町並みが奥に続いている。参詣記念のスタンプが見られる大正期の絵葉書。

豊川稲荷の稲荷本殿（現・奥の院）【大正期】
荼枳尼天（だきにてん）を祀っている豊川稲荷（妙厳寺）の稲荷本殿。この寺は1441（嘉吉元）年、東海義易により創建された。これはかつての稲荷本殿で、現在は奥の院と呼ばれている。

御油の海水浴旅館【明治後期】
「東海道御油 海水浴旅館 御忠の景」というタイトルが付いた絵葉書である。現在のJR愛知御津駅は、戦前には御油駅と呼ばれており、駅の南付近の海岸は海水浴の名所となっていた。「御忠」は旅館名である。

矢作橋【明治後期】
1890（明治23年）に架橋された、木橋時代の矢作橋の堂々たる姿である。橋の上には人力車や荷馬車が行き交っている。この後、1913（大正2）年には、上流において鉄橋が架けられる。

名電赤坂 めいでんあかさか

開業 1926（大正15）年4月1日　**所在地** 愛知県豊川市赤坂町松本35-2

「赤坂」といえば、現在は東京都港区の赤坂見附一帯が有名だが、江戸時代には東海道、中山道（岐阜県大垣市）に赤坂宿が存在した。東海道の赤坂宿のあった場所に置かれているのが、名電赤坂駅である。明治維新後、国による東海道本線のルートは、建設費の問題などもあって、この赤坂付近を通らず、南側の蒲郡を経由することとなった。その後、1926（大正15）年4月に愛知電気鉄道が開通したときに、ここに愛電赤坂駅を置いた。1938（昭和13）年12月、現在の駅名（名電赤坂）に改称している。現在の名電赤坂駅の構造は、相対式ホーム2面2線の地上駅で、快速特急、特急、急行などは通過、普通のみ停車する。

江戸時代の赤坂宿は、歌川広重が「東海道五十三次之内　赤坂旅舎招婦ノ図」に描いている。これは当時の旅館と旅人を描いた風景で、人々の様子がユーモラスに表現されている。赤坂宿と隣の御油宿との距離はわずか約1.7キロで、ともに競い合うようにして旅人を招き入れ、宿場に活気をもたらしていたという。また、ここには赤坂陣屋が置かれて、三河国の天領を収める代官所があり、明治維新後は一時、三河県の県庁となっていた。赤坂村は1955（昭和30）年に長沢村、萩村と合併して音羽町となった後、2008（平成20）年に御津町とともに豊川市に編入されている。

名電赤坂駅の付近には、関川神社と宮道天神社がある。市杵島姫命を祀る関川神社は、1001（長保3）年の創建で、社殿の脇にあるクスノキの古木で知られる。境内には松尾芭蕉が詠んだ「夏の月御油より出でて赤坂や」の句碑がある。また、宮路山の山頂近くに鎮座する宮道天神社は天武天皇と持統天皇の子である、草壁皇子が祭神となっており、毎年8月には雨乞い祭りが行われている。

御油駅と同様、4両編成に対応する相対式ホームを有する名電赤坂駅。普通列車のみが停車する駅である。

名電長沢 めいでんながさわ

開業 1926（大正15）年4月1日　**所在地** 愛知県豊川市長沢町音羽36

名古屋本線で豊川市内の最後の駅となるのが名電長沢駅である。このあたりには先述の名電赤坂駅など、駅名に「名電」を冠した駅が多い。また、「長沢」という名称の駅はJR陸羽東線に存在し、京急久里浜線には京急長沢も存在する。このほか、国鉄（現・JR）の弥彦線（旧・越後鉄道）にも終着駅として、越後長沢駅が置かれていた。

名電長沢駅は、1926（大正15）年4月、愛知電気鉄道の時代に愛電長沢駅として開業している。1938（昭和13）年12月に現在の駅名に改称した。現在の駅の構造は相対式ホーム2面2線の地上駅。名古屋本線の中でも乗降客は少なく、快速特急、特急などは通過し、普通のみ停車する。

長沢駅の南東には、長沢城跡が存在する。この城は松平宗家の三代信光の子、松平親則が築き、長沢松平家の城となった。現在は堀の一部と井戸が残り、城址碑が建てられている。また、この駅付近にも東海道、東名高速道路がほぼ並行して通っており。東側には東名の音羽蒲郡インターチェンジが置かれている。この音羽蒲郡インターチェンジの南側には、八王子神社が鎮座している。

東名高速道路のすぐ脇に置かれている名電長沢駅。この駅も名電赤坂駅と同様、普通列車のみが停車する。

本宿
もとじゅく

開業 1926（大正15）年4月1日 **所在地** 愛知県岡崎市本宿町字一里山30-4

この本宿駅付近まで、名鉄本線は東海道（国道1号）と東名高速道路に挟まれる形で走ってきた。しかし、この本宿駅付近からは東名高速道路が北側に離れてゆく。この本宿駅は岡崎市最初の駅である。この本宿駅は、1926（大正15）年4月に愛知電気鉄道の駅として開業している。

現在の本宿駅の構造は島式ホーム2面4線の高架駅で、1992（平成4）年10月に国道1号の拡幅に伴って高架化された。早朝にはこの駅を発着する始発・終着の列車があり、一部の快速特急、特急とともに急行、準急、普通が停車する。

本宿駅の所在地は岡崎市本宿町で、このあたりは江戸時代に東海道が整備される以前から鎌倉街道が通る交通の要地で、東海道本線も当初の計画ではここを通る予定だった。赤坂宿と藤川宿の中間にあり、両宿の助郷村となったほか、旗本、柴田氏の本宿陣屋が置かれていた。1889（明治22）年には上衣文村、本宿村などが合併して新しい本宿村が誕生。1955（昭和30）年に岡崎市に編入され、その一部となった。

この駅の南側、鉢地川沿いには不動院、慈光院などの寺院が集まっている。その中でも、701（大宝元）年に行里により創建されたとされる法相宗の古刹、二村山出生寺が、鎌倉時代の1385（至徳2）年に浄土宗の二村山法蔵寺に改められて残っている。この寺の墓地には、新撰組の隊長として有名な近藤勇の首塚がある。東京・板橋で処刑された近藤の首は京都・三条河原で晒されていたが、隊士の斎藤一が奪取し、孫空義天に供養を依頼したとされている。また、この寺には松平家の霊廟があり、徳川家康の父、松平広忠や家康の長女、亀姫の墓などが残されている。この寺では若いころの家康が学問に励んでいたと伝わり、草紙かけ松、おてならい井戸などもある。

1992（平成4）年に東海道（国道1号）の拡幅により高架駅となった。ホームは8両編成に対応している。

リバイバルカラーの5500系による団体臨時列車。リバイバルカラーはスカーレット1色に見慣れた世代にとっては新鮮に感じられた。◎名電赤坂～名電長沢 2003（平成15）年6月16日 寺澤秀樹

名電山中 めいでんやまなか

開業 1926（大正15）年4月1日　　**所在地** 愛知県岡崎市舞木町字山中町62-4

次の駅は名電を冠した、名電山中駅である。名電山中駅は、1926（大正15）年4月、愛知電気鉄道時代に愛電山中駅として開業。名古屋鉄道発足後の1938（昭和13）年12月、名電山中駅に改称している。現在の駅の構造は相対式2面2線の地上駅で、無人駅となっている。

この駅の西側には、名鉄本線と舞木検査場への引き込み線が分かれる舞木信号所が存在している。藤川駅との間にある舞木検査場は、名電山中駅の西側から名鉄本線と並行して流れる、山綱川を越えた車中の北側、岡崎市舞木町に広がっている。1997（平成9）年3月に竣工した、これまで存在していた名鉄本線の鳴海工場が移転したもので、新川工場の機能もここに移転した。現在、ここには3400系、8800系の台車などが保存されている。

名電山中駅の北西に鎮座する山中八幡宮は、応神天皇らを祭神とするもので、山中光重が699（朱鳥14）年に創建したといわれる。この敷地内にある鳩ヶ窟と呼ばれる洞窟は、三河一向一揆で敗れた徳川家康が敗走したときに身を隠した場所とされている。そのときに白い鳩が飛び立ったことで追手の目を逃れて以来、鳩ヶ窟と呼ばれ、神社の山が御身隠山と呼ばれるようになった。境内には樹齢650年の御神木のクスノキが残るほか、山中八幡宮の森はヒメハルゼミの生息地であり、愛知県自然環境保全地域に指定されている

名鉄本線でも山間に位置している名電山中駅。普通列車のみの停車で、利用者の数もそれほど多くはない。

藤川 ふじかわ

開業 1926（大正15）年4月1日　　**所在地** 愛知県岡崎市藤川町松本182

現在の岡崎市内には、江戸時代には東海道五十三次の宿場町として、岡崎宿とともに藤川宿が存在した。藤川宿の名称を鉄道駅として受け継ぐ形となっているのが、岡崎市藤川町に置かれている名鉄本線の藤川駅である。この藤川駅は愛知電気鉄道の駅として、藤川宿の西側に1926（大正15）年4月に開業している。

このあたりの名鉄本線は、東海道のそばを並行して走っており、線路と交差する形で旧東海道も通っている。駅の北東には約1キロ続くクロマツの並木が残されている。また、駅のすぐ南側には西棒鼻跡があるが、この棒鼻とは宿のはずれ（出入口）を意味している。この南東が宿の中心地の中町北・南で藤川宿脇本陣（橘屋）跡があり、藤川宿資料館が建てられている。資料館の前に建つ門は、江戸時代からの姿を保っており、付近には本陣跡碑や関山神社の常夜灯も残っている。また、北西の東海道沿いには、藤川駅と隣接する形で道の駅藤川宿が存在してい

る。

現在の藤川駅の構造は相対式ホーム2面2線の地上駅。かつては現駅舎の東側に古い駅舎と構内踏切が存在した。2011（平成23）年には、西側にあった踏切が廃止されて、歩道橋が設置された。快速特急、特急、急行は通過し、準急と普通が停車する。

藤川地区整備事業の一環で、踏切が廃止されて、歩道橋が誕生した藤川駅。駅周辺の風景も一新された。

美合 みあい

開業 1926（大正15）年4月1日　　**所在地** 愛知県岡崎市美合町一ノ久保1-64

名古屋本線で11番目となる美合駅は1926（大正15）年4月、愛知電気鉄道の東岡崎〜小坂井間の開業時に開通している。現在の美合駅は、島式ホーム2面4線の地上駅で、橋上駅舎を有している。一部の快速特急、特急と、急行、準急、普通が停車する。

この駅の北東では、山綱川と竜泉寺川が合流し、北西側で乙川と合流している。この駅の付近に、三河出身で徳川幕府を開いた徳川家康にゆかりのある人物にまつわる史跡が残されている。美合駅に近い北西の線路沿いに建つ本宗寺は、浄土真宗本願寺派の寺院である。本宗寺は1468（応仁2）年に蓮如上人により建立されたものの、16世紀の三河一向一揆の際に焼失した。1585（天正13）年に再興を許され、1611（慶長16）年に現在地に移転した。ここには徳川家康の家臣で、後に豊臣秀吉の家臣になった石川数正の墓所が

ある。また、駅の南にある長福寺は、法華宗の寺院であり、「天下の御意見番」として講談などで知られる徳川家康の家来、旗本の大久保彦左衛門忠教の墓があることで知られる。

1986（昭和61）年に橋上駅舎に変わった美合駅。朝と夜には一部の特急、快速特急も停車する。

男川 おとがわ

開業 1926（大正15）年4月1日　　**所在地** 愛知県岡崎市大西町楊枝3-2

岡崎市内を走る名鉄本線は、乙川の南西を進んでゆく。次の男川駅は、文字は異なるものの「おとがわ」と呼ばれている。1926（大正15）年4月、愛知電気鉄道の駅として開業した。現在の駅の構造は相対式ホーム2面2線の地上駅である。快速特急、特急は通過し、急行の一部と準急、普通が停車する。

男川駅の東側には東海道が通り、大平町付近で分かれた旧道に大平一里塚が残っている。江戸時代初期の1604（慶長9）年に建設されて、旧・東海道の両側にあった一里塚のうち、北側の一里塚は1928（昭和3）年の道路改修の際に破壊され、現在は南側の一基が

残る。また、このあたりは江戸の名町奉行として有名な大岡越前守忠相が大名になった1748（寛延元）年以来、子孫が治めてきた西大平藩の西大平陣屋跡が存在する。現在は岡崎市により、陣屋跡広場として、高麗門や庭園などが整備されている。

男川駅は、6両編成に対応する相対式ホーム2面2線を有している。駅の南北は地下道で結ばれている。

ク2310－モ800の2両編成。塗装はスカーレット1色になっている。◎名電山中　撮影：清水 武

モ3780－ク2780の2両編成。支線区の冷房化のために1966（昭和41）年に登場。1人用と2人用の転換式クロスシートが特徴。後に瀬戸線に転出した。◎名電山中　撮影：清水 武

支線区への直通特急用に1967（昭和42）年に登場した4両編成の7000系パノラマカー。◎名電山中　撮影：清水 武

7500系パノラマカーの新岐阜行き高速。7500系は1963（昭和38）年に7000系をさらに高性能化、低重心化して登場。右は
すれ違う東岡崎発伊奈行きの普通3730系（後部はク2731）。1970年代に名鉄の一般車もスカーレット色になった。
◎名電山中　1984（昭和59）年6月16日　撮影：田中義人

リバイバルカラーの5500系は定期運用にも充当され、1500Ｖの各線で活躍が見られた。◎名電山中〜藤川　2004（平成16）年５月　撮影：寺澤秀樹

旧東海道も通る山間部を行く7500系パノラマカー。7000系と7500系は先頭車展望室の形状がやや異なり識別できる。名電山中は文字通り山の中の駅。1997（平成9）年に藤川〜名電山中間に舞木検査場が開設された。◎1984（昭和59）年6月16日　藤川〜名電山中
撮影：田中義人

麦畑の中を行く7500系パノラマカー新岐阜行き高速。高速は自由席特急で1977（昭和52）年から1990（平成2）年まで存在し、主としてパノラマカーが使用された。当時、豊橋〜新岐阜間の優等列車は1時間あたり座席指定特急、高速、急行が各2本であった。◎藤川〜名電山中　1984（昭和59）年6月16日　撮影：田中義人

直線区間ですれちがう7500系の高速豊橋行きと下り5500系のすれ違い。5500系は1960（昭和35）年に登場した料金不要の一般列車としては初の冷房車で大衆冷房車といわれた。（一般列車の冷房車は戦前南海電鉄にあったが試作的要素が強く短期間で撤去）◎1984（昭和59）年6月16日　藤川～名電山中
撮影：田中義人

三河平野と豊橋平野の間の丘陵を越え、冬の陽を浴びて豊橋へ向かう7700系。種別は高速か急行である。7700系は1973（昭和48）年に登場。前面貫通型で展望室がなく「パノラマカーの亜種」だが、支線直通用や増結用に重宝された。
◎藤川〜名電山中　1980（昭和55）年1月5日　撮影：安田就視

東岡崎

ひがしおかざき

開業 1923（大正12）年8月8日　　**所在地** 愛知県岡崎市明大寺本町4-70

　JR東海道線の岡崎駅ともに、岡崎市中心地の玄関口となっているのが名鉄本線の東岡崎駅である。岡崎市は西三河の中心地で、愛知県では名古屋市、豊田市に続く第3位の人口約38万6000人を有し、中核市、中枢中核市に指定されている。江戸時代には、岡崎藩があり、東海道五十三次の宿場町、岡崎宿が存在した。明治維新後の1889（明治22）年に発足した岡崎町は、1916（大正5）年に市制を施行して岡崎市となっている。

　この東岡崎駅は、1898（明治31）年に開業した岡崎馬車鉄道に起源をもつ岡崎電気軌道（後の名鉄岡崎市内線）と連絡していた。1899（明治32）年に是字寺駅が開業し、その連絡駅となる場所に1923（大正12）年8月、愛知電気鉄道（愛電）が東岡崎駅を開業し、間もなく岡崎電気軌道の駅は、愛電前駅に改称された。その後、岡崎電気軌道は三河鉄道となり、1941（昭和16）年6月、愛知電気鉄道から変わった名古屋鉄道と合併し、愛電前駅は東岡崎駅前駅と改称している。岡崎市内線は1962（昭和37）年6月に廃止され、現在は単独駅となっている。

　現在の東岡崎駅の構造は、島式ホーム2面4線の地上駅で、橋上駅舎を有している。名鉄の中では4番目に利用者が多く、名古屋市以外では最多である。快速特急、特急などすべての列車が停車し、この駅を始発終点とする列車も多い、この駅の北側には乙川が流れ、その北側を東海道が通っている。南側にある東海道本線の岡崎駅とはかなりの距離がある。東海道新幹線はさらに南側を走っている。

　駅の南側には、六所神社が鎮座している。この神社は徳川家康の祖父、松平清康が松平郷の六所神社から、猿田彦命ら祭神を勧請して創建したもので、徳川家から崇敬され、江戸幕府の手厚い保護を受けてきた。本殿、楼門などは国の重要文化財に指定されている。この西側には自然科学研究機構岡崎情報図書館、南側には1896（明治29）年に愛知県第二尋常中学校として開校した県立岡崎高校が存在し、卒業生には作家の尾崎士郎、作曲家の冨田勲らがいる。

東岡崎駅周辺地区整備事業が進められている東岡崎駅。東口にはペデストリアンデッキが誕生した。

名鉄の凸形電気機関車デキ370形デキ378。デキ370形は旧愛知電気鉄道が所有し、1928（昭和3）年～1929年に製造された。名鉄は貨物輸送も行い電気機関車も保有していた。東岡崎駅のホーム上には名鉄独特の行先表示器がある。
◎東岡崎　1962（昭和37）年2月28日　撮影：荻原二郎

東芝テレビ、冷蔵庫などの広告が見える東岡崎駅の入り口。名鉄沿線では、犬山ラインパークで交通科学フェアー、国定公園指定3周年を記念する三河湾春まつりが開催されていた、春の行楽シーズンの風景である。
◎1961 (昭和36) 年5月3日　撮影：荻原二郎

駅ビルが併設された東岡崎。周囲は再開発が進んだが、現在もその姿を留めている駅ビルは昭和の雰囲気が残り、ここだけが時計が止まった感じを受ける。◎東岡崎　1982 (昭和57) 年6月　撮影：寺澤秀樹

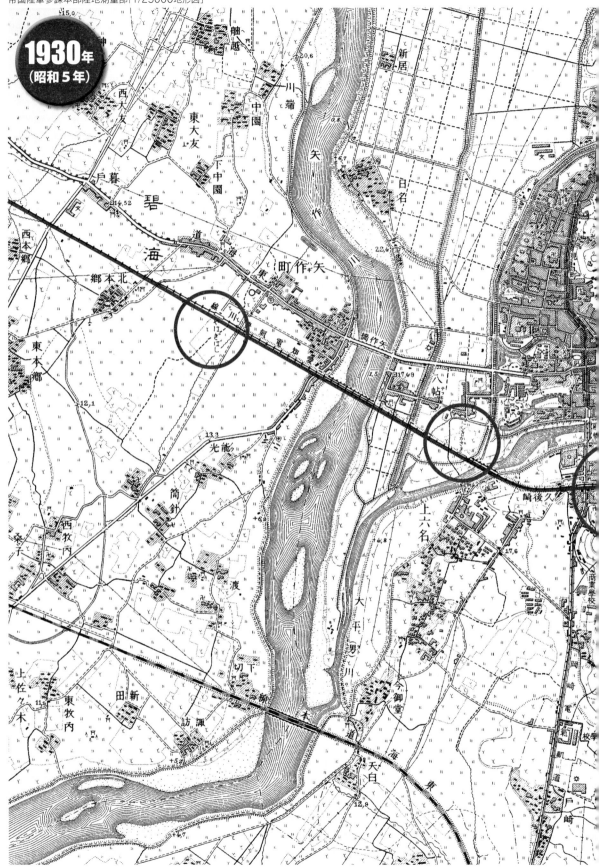

帝国陸軍参謀本部陸地測量部「1/25000地形図」

1930年（昭和5年）

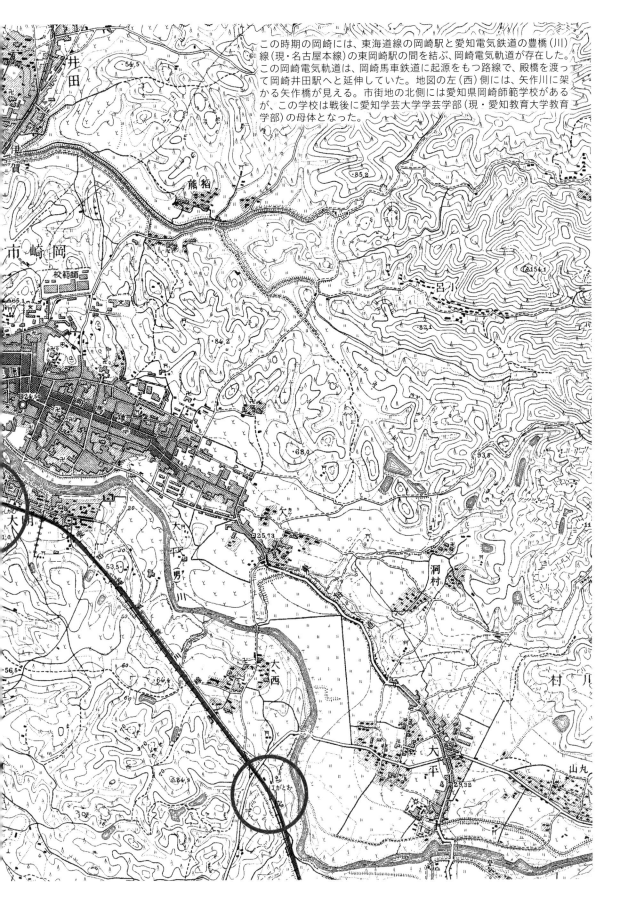

この時期の岡崎には、東海道線の岡崎駅と愛知電気鉄道の豊橋（川）線（現・名古屋本線）の東岡崎駅の間を結ぶ、岡崎電気軌道が存在した。この岡崎電気軌道は、岡崎馬車鉄道に起源をもつ路線で、殿橋を渡って岡崎井田駅へと延伸していた。地図の左（西）側には、矢作川に架かる矢作橋が見える。市街地の北側には愛知県岡崎師範学校があるが、この学校は戦後に愛知学芸大学学芸学部（現・愛知教育大学教育学部）の母体となった。

東岡崎駅を発車する荷物電車。豊橋では飯田線ホームの2番線に発着した。両運転台のモ800やOR車（3400・3900・7300）系が使用されユニークな存在だったが、短命に終わった。◎東岡崎　1982（昭和57）年6月　撮影：寺澤秀樹

豊川稲荷行きの急行が乗客を降ろし、東岡崎駅を後にする。この当時、上りの副本線はまだ設置されていなかった。
◎東岡崎　1982（昭和57）年6月
撮影：寺澤秀樹

エバーグリーン賞受賞記念列車の3400系。流線型車体・床下のスカートなど、流線型華やかりし頃の雰囲気を今に伝えているというのがおもな受賞理由だった。◎東岡崎～岡崎公園前　1993（平成5）年4月3日　撮影：寺澤秀樹

上（北）側を乙川が流れ、明代橋が見える名鉄の東岡崎駅付近の空撮写真である。
乙川にはこの西側に殿橋が架かっているが、この殿橋は江戸時代の1645（正保
2）年に架橋された、長い歴史をもつ岡崎市の代表的な橋である。一方、明代橋
は1916（大正5）年に明大寺橋として架橋され、現在の橋は1937（昭和12）年に
竣工した。1958（昭和33）年に完成した東岡崎駅の駅ビルの2・3階には、岡ビ
ル百貨店が入店していた。◎1979（昭和54）年10月31日　提供：朝日新聞社

岡崎公園前

おかざきこうえんまえ

開業 1923（大正12）年6月1日　**所在地** 愛知県岡崎市中岡崎町15-2

　名鉄本線は乙川を渡って進み、矢作川の手前に置かれている岡崎公園前駅に至る。この駅では、愛知環状鉄道線が交差しており、北側には中岡崎駅が置かれている。名鉄の岡崎公園前駅は、1923（大正12）年6月に西岡崎駅として開業。1936（昭和11）年4月に岡崎公園前駅と改称した。

　岡崎公園は、岡崎城を中心とした都市公園で、「日本の都市公園100選」「日本の歴史公園100選」にも選ばれている。桜の名所としても有名で「日本のさくら名所100選」のひとつで、夏には花火大会も開催されている。岡崎城は、徳川家康の生地で、龍城とも呼ばれてきた。江戸時代には、岡崎藩本多氏5万石の城下町が形成されていた。この城は乙川（菅生川）の畔に建つことから、古謡に「五万石でも岡崎さまは、お城下まで舟が着く」と歌われていた。園内には龍城神社、岡崎城二の丸能楽堂、巽閣、多目的広場などがある。

　岡崎公園前駅は、1976（昭和51）年12月に現在地に移転している。現在の駅の構造は、相対式ホーム2面2線の築堤上の地上駅である。快速特急、特急などは通過し、普通のみ停車する。この駅が置かれているのは岡崎市中岡崎町だが、隣接する八帖町は、尾張名物として知られる八丁味噌の郷として知られている。八帖町は、岡崎城から西に八町（約800メートル）離れていたことから、「八丁村」と呼ばれていた。この村の早川久右衛門家（現・カクキュー）と大田弥治右衛門家（現・まるや八丁味噌）が独特の味噌を生み出し、やがて全国に知られるようになった。駅の北側には、国の登録文化財となったカクキューの本社事務所、蔵があり、八丁味噌の郷・史料館として観光名所になっている。

普通列車のみが停車する駅だが、8月の岡崎城下家康公夏まつり大会の際は快速特急、特急なども停車して賑わいを見せる。

岡多線（現・愛知環状鉄道線）との乗換駅となる岡崎公園前駅。右奥に岡多線の中岡崎駅が見える。通過するのは5200系の美合行急行。上りホーム沿いの桜並木はまだ存在せず、スッキリとしている。
◎岡崎公園前　1982（昭和57）年6月　撮影：寺澤秀樹

岡崎公園前付近のカーブを行くク2800－モ3800の普通東岡崎行き。モ3800系は1948（昭和23）～49年に70両投入された私鉄標準規格型電車。◎岡崎公園前　撮影：清水 武

7500系の豊橋行き急行。7500系の最終増備車は２丁ワイパーで登場した。◎岡崎公園前　1982（昭和57）年６月　撮影：寺澤秀樹

春の季節に快走するエバーグリーン賞受賞記念列車の3400系。◎岡崎公園前　1993（平成５）年４月３日　撮影：寺澤秀樹

岡崎城天守閣から見下ろした春爛漫の岡崎公園。桜満開
の乙川河畔を眺め鉄橋を渡る7000系パノラマカー。パノ
ラマカー全盛時代を記録した見事な一枚である。◎岡崎
公園前　1977（昭和52）年４月２日　撮影：田中義人

100年前の名鉄沿線風景（3）

岡崎駅【大正期】
国鉄時代の岡崎駅の地上駅舎と、岡崎電気軌道の電車の組み合わせである。1898（明治31）年2月、岡崎馬車鉄道がこの岡崎駅前に乗り入れ、後に名鉄岡崎市内線に変わった。

殿橋【明治後期】
岡崎の殿橋を渡る人々に交じって、人力車や馬車鉄道の姿が見える。殿橋は1905（明治38）年に先代の木橋が誕生。1907（明治40）年に岡崎馬車鉄道が橋の上を通るようになった。

岡崎競馬場
【昭和戦前期（1931年）】
1931（昭和6）年、現在の愛知県立岡崎工業高校付近に開場した岡崎競馬場。戦前、戦後に競馬レースが開催されていたが、1953（昭和28）年に廃止され、現在は緑に囲まれた溜池、長池となっている。

家康の産湯の井戸【大正期】
岡崎公園に残る東照公（徳川家康）産湯の井戸。1542（天文11）年、岡崎城で生まれた徳川家康がこの井戸で産湯を使ったといわれている。2015（平成27）年に井戸の水が汲み上げられて、水に触れられるようになった。

安城町農会館【昭和戦前期】
1927（昭和2）年に竣工した安城町農会館。「日本のデンマーク」と呼ばれてわが国の農業をリードした安城町には、このほかにも農会館が建てた安城図書館、愛知県立農林学校（現・県立安城農林高等学校）などがあった。

桶狭間古戦場・鎧掛の松【大正期】
織田信長が今川義元と戦った桶狭間古戦場で、今川陣営付近にあった鎧掛の松。現在は豊明市内にある名鉄の中京競馬場前駅近くに、「よろいかけの松の旧地」と記された石碑が残されている。

矢作橋 やはぎばし

開業 1923（大正12）年6月1日　　**所在地** 愛知県岡崎市矢作町馬乗46

　歴史上に名高い人物らの出会いの場として知られているのが、この駅の名称の由来となった、矢作橋の出会いである。後の太閤、豊臣秀吉になる日吉丸が奉公先を逃げ出し、矢作橋の上で寝ていると野武士の集団が差し掛かり、その頭領の蜂須賀小六と出会う。「絵本太閤記」の中の見られる有名な記述だが、実は矢作橋が架けられたのは、関ヶ原合戦の翌年の1601（慶長6）年のことであり、架空の作り話とされている。しかし、この矢作橋の西詰には二人の出合之像が建てられており、歴史を垣間見る場所となっている。

　この矢作橋は、矢作川に架かる東海道（国道1号）の橋で、橋が架かる前は渡し舟が用いられていた。江戸時代の橋は歌川広重の「東海道五十三次之内岡崎」や葛飾北斎の「諸国名橋奇覧　東海道岡崎矢はぎのはし」に描かれている。現在の橋は1951（昭和26）年に架橋された15代目の橋。

　矢作橋駅は、愛知電気鉄道時代の1923（大正12）年6月に開業している。現在の駅の構造は島式、相対式ホーム2面3線の地上駅で、現在の駅舎は1992（平成4）年に改築されている。快速特急、特急は通過し、一部の急行と準急、普通が停車する。駅の南側には東レ岡崎工場が存在している。また、駅の北側の矢作川沿いには、愛知学泉大学岡崎キャンパス、岡崎城西高校がある。

矢作橋駅の駅舎は1992（平成4）年に改築された。有人窓口・改札口は三角屋根の駅舎がある北口のみである。

宇頭 うとう

開業 1923（大正12）年6月1日　　**所在地** 愛知県岡崎市宇頭町山ノ神2

　矢作橋駅を出た名鉄本線は、岡崎市の最後の駅となる宇頭駅に到着する。この駅は岡崎市の北西に位置する宇頭町に置かれている。駅の歴史は、愛知電気鉄道時代の1923（大正12）年6月にさかのぼる。現在の駅の構造は相対式ホーム2面2線の地上駅で、上下線とも矢作橋駅側に駅舎を有し、ホームは跨線橋で結ばれている。

　駅のある宇頭町は、江戸時代は岡崎藩の領地で、1889（明治22）年に志貴村大字宇頭となった。1906（明治39）年には矢作町の一部となり、1955（昭和30）年に岡崎市に編入された。この駅の周辺には、宇頭大塚古墳、北裏古墳といった古墳群が残されている。このうち、最大の前方後円墳である宇頭大塚古墳は駅の東側、東海道を越えた場所にある薬王寺の境内にある。この北側には北裏古墳、荒子古墳という2つの円墳が存在している。また、名鉄本線の南側には宇頭神明社、宇頭公園がある。

宇頭駅は6両編成に対応する相対式ホーム2面2線の地上駅。ホーム間は跨線橋で結ばれている。

モ801の相方だったク2311。該当する系統板が不足したのか、応急対応で手書きの行先を表示していた。◎矢作橋　1979（昭和54）年5月27日　撮影：寺澤秀樹

7000系の展望室からの眺め。人気アイテムだった光電管式速度計の撤去跡には禁煙プレートが掲出されていた。この頃は名古屋本線でも木枕木の区間が残っており、順次PC枕木化が進められていた。◎矢作橋〜宇頭　1982（昭和57）年6月　撮影：寺澤秀樹

800型の普通電車。この当時のモ801は木枠の正面窓、木製の貫通ドアが残っており、前照灯もシールドビーム化されておらず、比較的オリジナルの面影をとどめていた。◎矢作橋　1979（昭和54）年5月　撮影：寺澤秀樹

矢作橋駅には砕石の積込み施設があり、よくデキ400が常駐する姿が見られた。◎矢作橋　1996（平成8）年3月　撮影：寺澤秀樹

３両編成の愛知電気鉄道電７形電車が矢作川橋梁を渡ってゆく。この車両は1926（大正15）年に日本車輌製造で製造されて、名鉄時代も豊橋線、名古屋本線で使用された。この写真では、上流に架かる矢作橋が見える。矢作川は長野県平谷村の大川入山に源を発し、岐阜県、愛知県内を流れて三河湾に注ぐ。この矢作橋の付近には、矢を作る人々が暮らしており、矢を矧ぐ（羽根を付ける）から「矢矧」の名称が生まれ、やがて「矢作」に変わった。
◎1926（大正15）年　提供：朝日新聞社

新安城

しんあんじょう

開業 1923（大正12）年6月1日　**所在地** 愛知県安城市東栄町1-1-5

安城市には、「安城」を冠した5つの駅が存在する。ひとつは東海道本線の安城駅、もうひとつは東海道新幹線・東海道本線の三河安城駅で、3つ目となる名鉄の新安城駅は最も北側に位置している。このほか、名鉄の西尾線には北安城駅と南安城駅が存在する。

安城市は愛知県で7番目の人口、約18万8000人を有している。明治用水の開通により、近代的な農業が発達して、「日本のデンマーク」と呼ばれたことはよく知られている。現在は工業も盛んで、住宅地も開発され、名古屋市や豊田市に通勤する人も多い。1906（明治39）年に碧海郡の安城村と里村、箕輪村、今村などが合併して、安城町が発足。1952（昭和27）年に市制を施行して、安城市になった。その後、岡崎市の一部、桜井町を編入して市域を広げている。市内には、総合電動工具のメーカーであるマキタ、自動車部品メーカーのアンデンの本社が存在する。

新安城駅は、1923（大正12）年6月に愛知電気鉄道の今村駅として開業している。1926（大正15）年7月には、碧海電気鉄道の今村〜米津間が開通して、連絡駅となった。1970（昭和45）年5月、新安城駅に改称している。この駅に近い東海道沿いには今本町（いまほんまち）が広がっているが、安城町になる前には今村が存在しており、当初の駅名の由来と

なった。現在の駅の構造は、島式ホーム3面6線の地上駅で、橋上駅舎を有している。かつては地下に駅舎、改札口が置かれていた。また、南北自由通路をもつ新しい橋上駅舎を建設中で、2021（令和3）年の完成を目指している。名古屋本線の快速特急が通過するが、特急以下の列車はすべて停車する。

この駅の東側、安城市浜屋町には樹齢350年といわれる黒松（雲竜の松）で有名な曹洞宗の寺院、永安寺がある。また、この付近の東栄町には1880（明治13）年に創建された明治川神社が鎮座し、大水上祖神、水分神などとともに明治用水の建設の功労者だった都築弥厚ら4人が祀られている。

新安城駅では、2021（令和3）年の完成に向けて、南北自由通路をもつ駅舎の橋上化工事が行われている。

5200系の新岐阜行急行が新安城駅に到着した。当時のホームの旅客案内表示は行灯式が標準で、主要駅で見ることができた。5200系と5500系の正面デザインはよく似ているが、非冷房の5200系は5500系に比べて屋根が深いというのが特徴で、これが見分けのポイントだった。◎新安城　1982（昭和57）年6月　撮影：寺澤秀樹

女子高生の電車通学風景。髪型とスカートの長さに時代を
感じる。
◎新安城　1982（昭和57）年6月　撮影：寺澤秀樹

顔を並べた6000系と3800系。奥のク2836は3800系の最終
増備車で、高運転台化されておらず、オリジナルの姿を保って
いた。
◎新安城　1982（昭和57）年6月　撮影：寺澤秀樹

新安城駅に到着する5500系＋5000系の美合行急行。新安城駅の改札口は地下道に面していた。
◎新安城　1982（昭和57）年6月　撮影：寺澤秀樹

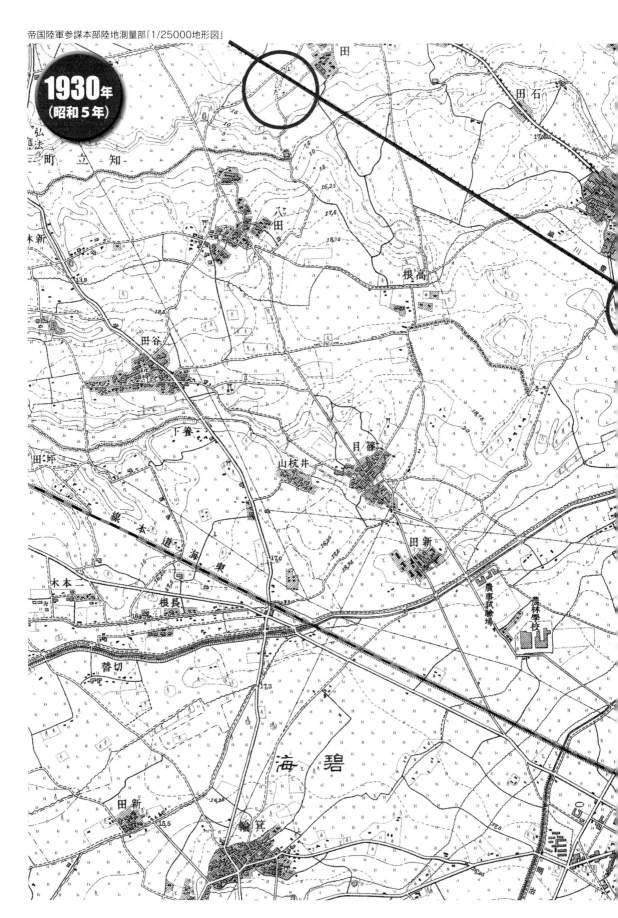

1930年
（昭和5年）

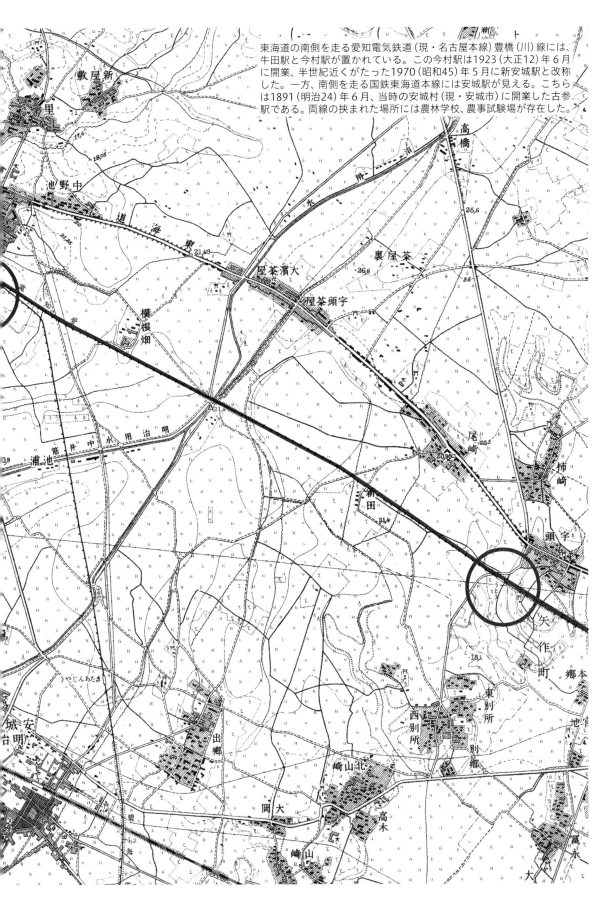

東海道の南側を走る愛知電気鉄道（現・名古屋本線）豊橋（川）線には、牛田駅と今村駅が置かれている。この今村駅は1923（大正12）年6月に開業、半世紀近くがたった1970（昭和45）年5月に新安城駅と改称した。一方、南側を走る国鉄東海道本線には安城駅が見える。こちらは1891（明治24）年6月、当時の安城村（現・安城市）に開業した古参駅である。両線の挟まれた場所には農林学校、農事試験場が存在した。

名古屋鉄道東部本線時代の時刻表 1938（昭和13年）7月改正

1938（昭和13）年7月20日改正時の名古屋鉄道東部本線、神宮前（熱田）～吉田（豊橋）間の時刻表（日本旅行協会発行）。1935（昭和10）年8月、愛知電気鉄道、名岐鉄道が合併し名古屋鉄道が発足したが、名古屋市内ターミナルは東部線が神宮前、西部線が押切町で分断されていた。神宮前～吉田（豊橋）間は特急（6往復）が最短59分、毎時1本運転の急行が1時間10分、普通が1時間30分である。急行は伊奈で豊川発着電車を分割、併合していた。豊川へは伊奈～小坂井間の短絡線（小坂井支線1.2km）を通って豊川鉄道（飯田線の前身）へ乗り入れた。小坂井支線は豊川線全通に伴い1954（昭和29）年12月に廃止された。

2章
牛田～神宮前

リバイバルカラーの5500系。行き先は尾西線の弥富。◎一ツ木　2004（平成16）年6月　撮影：寺澤秀樹

牛田
うしだ

開業 1923（大正12）年6月1日　**所在地** 愛知県知立市牛田1-84

　名鉄本線の次の駅は牛田駅で、「牛田」といえば、東武伊勢崎線（東武スカイツリーライン）には同名の駅が存在する。こちらの牛田駅は知立市牛田町に置かれており、駅の北西には知立市役所が存在する。また、駅の北側には同市八橋町が広がっている。この八橋とは、「六歌仙」の歌人として有名な平安貴族、在原業平にゆかりの八橋山無量寿寺があることで有名である。業平が詠んだ伊勢物語の和歌である「からころも　きつつなれにし　つましあれば　はるばるきぬる　たびをしぞおもふ」に登場する、かきつばたの名所、八橋かきつばた園があり、毎年4、5月には史跡八橋かきつばたまつりが開催される。この北側には三河線の三河八橋駅が存在する。

　牛田駅は1923（大正12）年6月1日に愛知電気鉄道の駅として開業している。現在の隣駅は知立駅であるが、この知立駅が移転、改称する中で、東知立駅という中間駅で存在していた時期がある。この東知立駅は、三河鉄道（現・三河線）との分岐点に置かれていた新知立駅が、2つの駅に分離された1959（昭和34）年4月に誕生。1968（昭和43）年1月に廃止された。このとき分離された三河線の三河知立駅は現在も存続している。

　牛田駅は相対式ホーム2面2線の地上駅。快速特急、特急、急行は通過、一部の準急と普通が停車する。この駅の東側には猿渡川が流れている。この猿渡川は豊田市に源があり、安城市、知立市、刈谷市を流れ、知多湾に注いでいる。この川の名称は、親子の猿が川を渡る様子を見て感心した弘法大師が名付けたといわれている。

牛田駅は相対式ホーム2面2線の地上駅。ホームに跨線橋はなく、上下線の駅舎間は改札外の地下道で連絡している。

名古屋本線と三河線が交わる知立駅。左が三河線豊田市行き普通3770系モ3774、右が本線から津島線、尾西線へ直通する急行弥冨行き3730系モ3756。写真左端は三河線猿投行き3700系。支線は車体更新車が中心だった。
◎知立　撮影：山田虎雄

知立
ちりゅう

開業 1923（大正12）年4月1日　**所在地** 愛知県知立市栄2-60

　この知立駅は、名古屋鉄道の名古屋本線と三河線の分岐点となっている。もともとは愛知電気鉄道と三河鉄道の接続駅だった歴史があり、駅の位置や名称もたびたび変更されている。現在では「知立」と表記されるが、東海道五十三次の宿場町としては「池鯉鮒」と呼ばれ、歌川広重が描いた「東海道五十三次之内　池鯉鮒」では、馬市の様子を見ることができる。毎年、首夏（陰暦4月）に開催されることから「首夏馬市」と呼ばれていた。

　この「池鯉鮒」は、知立神社に祀られている御祭神「伊知理生命（いちりゅうのみこと）」の「知理生」に由来するとされる。ここから鎌倉時代に「智鯉鮒」となり、江戸時代には「池鯉鮒」と記されるようになったのは、神社のある場所は土地が低く、御手洗池があって鯉や鮒の産地だったからともいわれている。1889（明治22）年に知立村が知立町となり、1906（明治39）年に牛橋村などと合併して、新しい知立町が成立。1970（昭和45）年に市制を施行して、知立市となっている。現在の人口は約7万1000人である。

　知立駅の歴史をたどると、1923（大正12）年4月に愛知電気鉄道の岡崎線が延伸して、終着駅となる新知立駅（仮駅）が誕生する。同年6月に西岡崎（現・岡崎公園前）駅まで延伸したことにより、新知立駅は三河鉄道との交差点付近に移転して、本駅となった。その前の1915（大正4）年10月には、三河鉄道が初代の知立駅を開業している。1941（昭和16）年6月に三河鉄道と名古屋鉄道（旧愛知電機鉄道）が合併したことにより、同年8月に知立駅と新知立駅が統合されて知立駅（二代目）となった。その後、1959（昭和34）年4月に現在の知立駅（三代目）が開業。二代目知立駅は名古屋本線の東知立駅、三河線の三河知立駅に分割された。このときには、三河線に三河知立、重原駅からの新線が開通している。

　現在、知立駅では、3階構造の高架駅になる工事が行われていて、2023（令和5）年に完成する予定である。名古屋本線と三河線の連続立体交差事業が完成したあかつきには、駅は2階に名古屋本線の2面4線のホーム、3階に三河線の2面4線のホームが置かれ、1階に改札口やコンコースがある高架駅になる予定である。地上駅時代の駅構造は3面6線の地上駅で、工事中は仮駅舎となっている。

知立駅の周辺では名古屋本線と三河線の連続立体交差事業、知立駅周辺土地区画整理事業が行われて、高架駅を建設中である。

「名古屋まで21分、豊橋まで31分」と、速さを売り物にしていた名鉄特急の看板が見える。知立駅は快速特急、特急が全停車する名古屋本線の主要駅。この頃は地上駅だが、現在は3階建ての高架駅となる工事が行われている。
◎知立　撮影：山田虎雄

5500系の新岐阜行急行が到着後、人気者のナマズこと850系が姿を現した。この当時はすでに1編成が残るのみとなっており、出会うにはハードルが高かった。
◎知立　1982（昭和57）年7月　撮影：寺澤秀樹

現在は人口約7万人、知立市の玄関口となっている名鉄の知立駅を中心とした、知立町の空撮写真。1970（昭和45）年8月の撮影で、4か月後の12月に市制が施行されて知立市に変わった。知立駅は名古屋本線と三河線の接続駅で、三河線はこの駅でスイッチバックする形で乗り入れている。この写真の右（南東）方向で、三河線は三河知立駅に向かう山線と重原駅へ向かう海線が分岐することになる。
◎1970（昭和45）年8月27日　提供：朝日新聞社

下校時間帯の知立で7000系と5500系の急行が行き交う。左のモ5202は踏切事故で大破後の復旧の際、高運転台化が行われ、顔つきが大きく変わった。◎知立　1982（昭和57）年6月　撮影：寺澤秀樹

知立で荷扱い作業中の荷物電車デニ2000形2001。◎知立　1970（昭和45）年頃　撮影：阿部一紀

当時の三河線はHL車の天国で、三河線ホームにはいつもHL車の姿が見られた。◎知立　1982（昭和57）年6月　撮影：寺澤秀樹

少数派の7700系も優等列車運用に加わり、7000・7500系を補完し、名古屋本線を疾走していた。◎知立　1982（昭和57）年6月撮影：寺澤秀樹

三河線ホームは名古屋本線のホームに比べて乗客の数も少なく、どことなくのんびりした雰囲気を醸し出していた。◎知立　1982（昭和57）年6月　撮影：寺澤秀樹

革製の通学カバンとマジソンバックは当時の中高生の必須アイテムだった。◎知立　1982（昭和57）年6月　撮影：寺澤秀樹

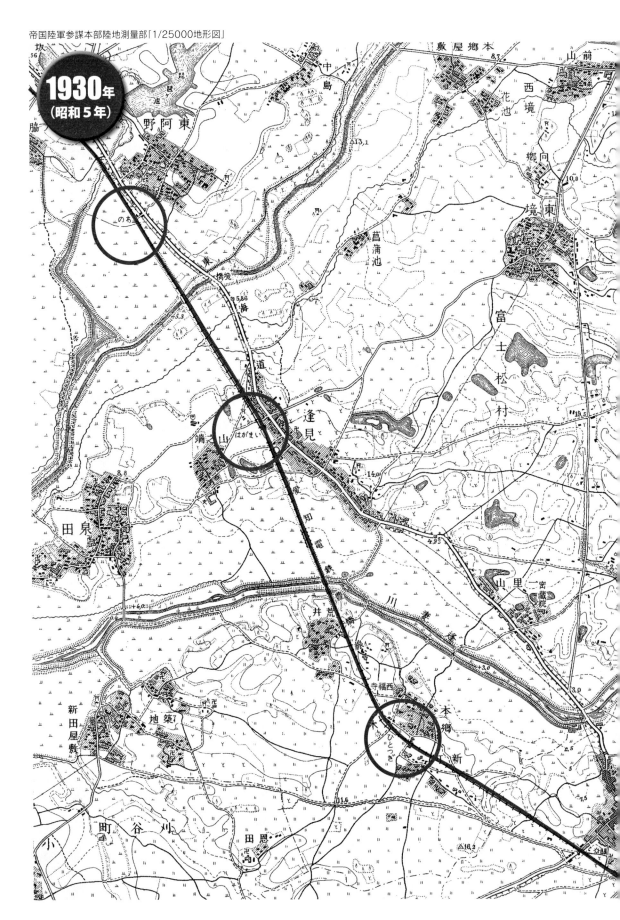

1930年
（昭和5年）

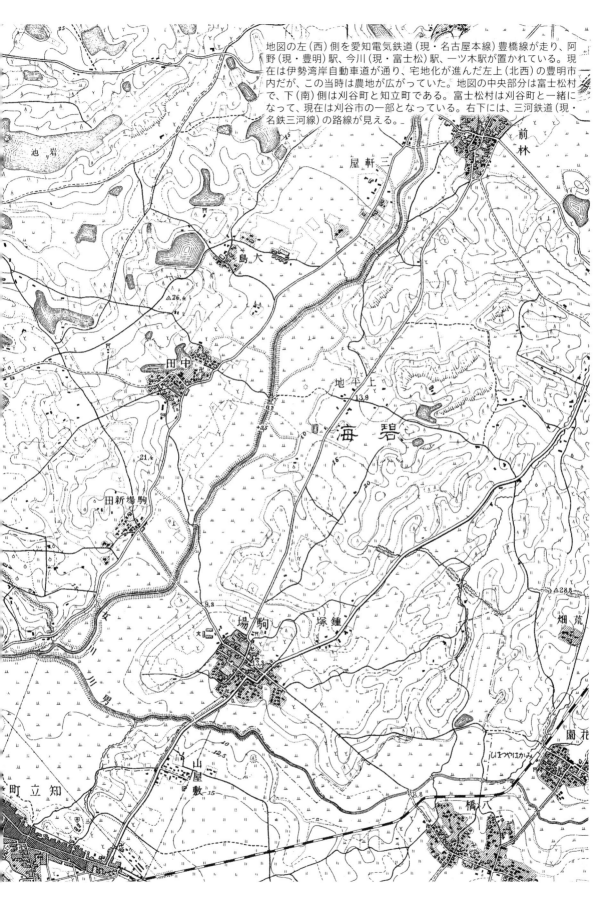

地図の左（西）側を愛知電気鉄道（現・名古屋本線）豊橋線が走り、阿野（現・豊明）駅、今川（現・富士松）駅、一ツ木駅が置かれている。現在は伊勢湾岸自動車道が通り、宅地化が進んだ左上（北西）の豊明市内だが、この当時は農地が広がっていた。地図の中央部分は富士松村で、下（南）側は刈谷町と知立町である。富士松村は刈谷町と一緒になって、現在は刈谷市の一部となっている。右下には、三河鉄道（現・名鉄三河線）の路線が見える。

一ツ木　ひとつぎ

開業 1923（大正12）年4月1日　　**所在地** 愛知県刈谷市一ツ木町5-5-2

刈谷市は三河地方の西端にある都市で、江戸時代には三河土井氏が治める刈谷藩2万3000石が存在した。現在の人口は約15万3000人、北部を通る名鉄本線には富士松駅とともに一ツ木駅が置かれている。1889（明治22）年に刈谷町が誕生し、1906（明治39）年には逢妻村、小山村などと合併して、新しい刈谷町が成立。1950（昭和25）年に市制を施行して刈谷市となった。現在の市北部である富士松村は、1955（昭和30）年に編入されているが、一ツ木駅のある場所には一ツ木村が1906年まで存在。この年に逢見村などと合併して、富士松村となっていた。

一ツ木駅の北側には、逢妻川が流れている。この川は境川の支流であり、豊田市から知立市を通り、刈谷市内を西に流れて境川と並行しながら衣浦湾に注いでいる。この一ツ木駅は1923（大正12）年4月に愛知電気鉄道の駅として開業。現在の駅の構造は、相対式ホーム2面2線の地上駅である。快速特急、特急、急行などは通過し、普通のみ停車する。

この駅の北側には、三河三弘法の第二番霊場、西福寺が存在する。三河三弘法とは、刈谷市の密蔵院、知立市の遍照院を合わせたもので、弘法大師空海が822（弘仁13）年に富士権現帰途に立ち寄った重原の里の三体の仏像にゆかりをもつ。この寺の北側、逢妻川には弘法橋が架けられており、この橋を渡った北東に密蔵院が存在する。

一ツ木駅の駅舎は2004（平成16）年に改築された。相対式ホーム2面2線を有する地上駅であり、普通列車のみが停車する。

富士松　ふじまつ

開業 1923（大正12）年4月1日　　**所在地** 愛知県刈谷市今川町1-805

刈谷市の2番目の駅は、富士松駅である。刈谷市北部に位置する富士松駅は、1923（大正12）年4月に開業したときは、「今川」の駅名を名乗っていた。これは、駅の所在地である刈谷市今川町1丁目の地名に由来している。「富士松」という現在の駅名に変わったのは、1952（昭和27）年3月である。現在の駅の構造は、相対式ホーム2面2線の地上駅。快速特急、特急などは通過し、普通のみ停車する。

この富士松駅周辺は江戸時代には今川村と呼ばれ、1878（明治11）年の合併で逢見村となっている。その後、1906（明治39）年の合併で富士松村となり、1955（昭和30）年の合併で刈谷市の一部となった。「今川」の地名は、「芋川（いも川）」から変わったとされている。この付近は「きしめん」の発祥地とされており、江戸時代に江戸で「ひもかわ」と呼ばれたのは、「芋川」から変化したとされる。

一方、「富士松」という地名は、国の天然記念物だった、お富士の松に由来している。現在は、富士松駅付近に三代目の松が植えられているが、もともとは桶狭間の合戦にまつわる伝説をもつ松で、初代の松は伊勢湾台風で枯死した。富士松駅の東側には、トヨタ車体の本社、富士松工場が存在している。

富士松駅の北口駅舎は1982（昭和57）年に完成。2014（平成26）年に南口駅舎が加わった。

ローカル急行や支線直通急行にはAL車の活躍が見られた。吊掛けモーターの音も高らかに名古屋本線を疾走していた。
◎一ツ木〜富士松　1982（昭和57）年7月　撮影：寺澤秀樹

戦前の優秀車3650系が名古屋本線の普通電車運用に入っていた。ノーヘッダー車体に加え、窓の上部隅にＲが付くなど、優
美な外観が特徴だった。◎一ツ木〜富士松1982（昭和57）年7月　撮影：寺澤秀樹

パノラマカー前面展望室から撮った、3730系（先頭はモ3737）による三河線直通特急。支線直通特急には旧型車の車体更新車も使用されたが、パノラマカーなどの高性能車とは最高速度も異なり、所要時間も余分にかかった。
◎富士松　1967（昭和42）年9月5日　撮影：荻原二郎

東急からの譲渡車3880系。当時は大手私鉄から大手私鉄への中古車両の譲渡は珍しい事例だった。3ドア車の3880系はラッシュ時の輸送に威力を発揮した。◎一ツ木～富士松　1982（昭和57）年7月　撮影：寺澤秀樹

「高速」は座席指定券が不要な特急という位置づけの名鉄独特の種別で、現在の「全車一般車特急」に相当する。全車が指定席の「特急」と区別するために誕生した。急行より停車駅が少なく、乗車の際にはお得感があった。◎一ツ木〜富士松　1982（昭和57）年7月　撮影：寺澤秀樹

リバイバルカラーの5500系は支線区直通の優等列車にも充当された。急行の種別板を掲出して走る姿は登場時を彷彿させてくれた。◎一ツ木〜富士松　2004（平成16）年5月　撮影：寺澤秀樹

8800系は従来の特急よりワンランク上の設備が売りのDX特急として、名鉄沿線の犬山エリアと知多エリアを結ぶ観光特急でデビューした。その後、中間車を増備して3両化されたが、晩年は西尾〜佐屋間の特急が主な働き場所だった。◎一ツ木〜富士松　2001（平成13）年11月　撮影：寺澤秀樹

8連急行の運用に就く5500系と5300系。5500系は現役
引退が現実のものとなりつつある時期であったが、名古屋
本線の急行運用は往年の輝きを取り戻す運用だった。
◎富士松〜豊明　2002（平成14）年3月　撮影：寺澤秀樹

特別整備を施された7000系は白帯を巻き、当時の名鉄のステータスカーとして特急運用をメインに主要線区で活躍を続けていた。◎一ツ木〜富士松　1982（昭和57）年7月　撮影：寺澤秀樹

富士松

加速・ブレーキ性能とも7000系を上回る性能を有した7500系。性能を発揮できる名古屋本線の優等列車運用が最も似合っていた。◎一ツ木〜富士松　1982（昭和57）年7月　撮影：寺澤秀樹

豊明
とよあけ

開業 1923（大正12）年4月1日
所在地 愛知県豊明市阿野町明定131

開業当初は阿野駅で、1956（昭和31）年に豊明駅と改称した。現在は橋上駅となっている。

　名鉄本線は境川を渡って、豊明市に入る。境川は文字通り、尾張と三河の国境をなす川。この手前は江戸時代には三河国で、川を渡ると尾張国となった。この付近の名鉄本線は、東海道（国道1号）に近い場所を通っており、南側に東海道新幹線、さらに南側を東海道本線が走っている。

　豊明駅は、人口約7万人の豊明市の玄関口である。豊明市の歴史は、1889（明治22）年に栄村、大沢村などが一緒になって、豊明村が成立したことに始まる。この大沢村は江戸時代からの間米村と前後村が合併して出来たものだった。1906（明治39）年には、豊明村と沓掛村が合併して、新たに豊明村が誕生。1957（昭和32）年に豊明町となり、1972（昭和47）年に市制を施行して、豊明市に変わった。

　豊明駅は1923（大正12）年4月、阿野駅として開業している。1956（昭和31）年に豊明駅に改称した。1996（平成8）年8月には橋上駅舎が誕生。1999（平成11）年には、駅に隣接する場所に豊明検車区が完成した。この駅には、南東に豊明検車区（現・支区）が存在することもあって、島式ホーム3面6線の構造で、国内の無人駅としてはホーム数が最も多くなっている。快速特急、特急は通過し、一部の急行と準急、普通が停車する。

　この駅の西側には、豊明花き地方卸売市場があり、さらに南西には豊明インターチェンジが存在する。このインターチェンジは伊勢湾岸自動車道、国道23号名四国道、知立バイパスが交わる場所で、愛知県道57号も通り、交通の要所となっている。

前後
ぜんご

開業 1923（大正12）年4月1日
所在地 愛知県豊明市前後町善江1634-2

1987（昭和62）年に橋上駅舎となった前後駅。現在は島式ホーム2面4線の構造となっている。

　名古屋市に隣接する豊明市には、2つの名鉄駅が存在する。市の名を冠した豊明駅よりも利用者が多い駅がこの前後駅。藤田医科大学病院の最寄り駅としての利用者が多い駅である。「前後」の地名は、江戸時代初期に親村の間米（まごめ）から見て南に位置していたので、前郷（南の郷）と呼ばれ、やがて「前後」になったという。呼び方も、「まえご（う）」から「ぜんご」に変わっていった。

　前後駅の北側に広がる、前後町には仙人塚という地名があるが、ここの小高い丘は戦人塚と呼ばれ、石碑が建てられている。これは、1560（永禄3）年に起こった桶狭間合戦における戦死者を悼む塚で、曹源寺二世の快翁龍喜が明窓宗印に命じて村人とともに埋葬したものである。こうした塚は、桶狭間の各地に設けられていたが、近年の宅地開発などで多くが失われている。なお、曹洞宗の寺院である曹源寺は前後駅の南側に位置している。

　前後駅は1923（大正12）年4月、愛知電気鉄道の駅として開業している。当初は単線区間であったが、1924（大正13）年4月に複線化され、駅も相対式ホーム2面2線の地上駅に変わった。さらに1987（昭和62）年に橋上駅舎となって、待避線をもつ2面3線となり、現在は島式ホーム2面4線の構造となっている。快速特急、特急は通過し、急行、準急、普通が停車する。

　この駅を最寄り駅とする藤田医科大学病院は、駅から北へ離れた豊明市沓掛町田楽ヶ窪にある。1973（昭和48）年、名古屋保健衛生大学病院として開院し、藤田学園保健衛生大学病院、藤田保健衛生大学病院をへて、2018（平成30）年に現在の病院名に改称した。

現役引退の声がささやかれ始めた頃の5500系。電車らしい優しい顔つきは好感が持てた。◎中京競馬場前　2002（平成14）年３月　撮影：寺澤秀樹

当時の名鉄の標準的な駅名標。毛筆書体でローマ字表記のないシンプルな仕様だった。◎前後　1982（昭和57）年６月　撮影：寺澤秀樹

中京競馬場前 ちゅうきょうけいばじょうまえ

開業 1953（昭和28）年７月15日　　**所在地** 愛知県名古屋市緑区大将ケ根2-1272

　次の駅は中京競馬場前駅で、戦前にはこの先の有松駅との間に桶狭間駅が設置されていた歴史がある。桶狭間駅は1931（昭和６）年から1935（昭和10）年ごろまで営業していたとされる。桶狭間駅という存在は、この付近が戦国時代の1560（永禄３）年、織田信長が今川義元を破った桶狭間合戦があった場所に近いことを示している。桶狭間は現在の名古屋市緑区から豊明市に広がる丘陵地帯を指し、中京競馬場前駅の南西一帯には「桶狭間」を冠した地名が広がり、桶狭間公園や桶狭間幼稚園が存在する。

　中京競馬場前駅は、かつての桶狭間駅から約200メートル東の場所に1953（昭和28）年に開業した。文字通り、JRA（日本中央競馬会）の中京競馬場の最寄り駅として駅名が付けられている。中京競馬場は1953年に開場、現在は高松宮記念、チャンピオンズカップというGⅠレースなどが開催されている。

　中京競馬場前駅は、中京競馬場の開場と同じ1953年７月に開業している。駅の所在地は名古屋市緑区大将ケ根２丁目だが、豊明市との境界に位置してい

る。現在の駅の構造は相対式２面２線ホームの高架駅で、2001（平成13）年３月に新しい駅舎が竣工した。平日及び競馬の開催のない土日曜には準急、普通が停車、競馬開催・場外発売実施時には快速特急、急行、準急、普通が停車し、特急のみ通過する。駅の北東にある中京競馬場に対して、南西には桜花学園大学、名古屋短大のキャンパスが存在する。

戦後の1953（昭和28）年に開業した中京競馬場前駅には、2001（平成13）年に新しい駅舎が竣工した。

現・日本中央競馬場（JRA）の中京競馬場は、1953（昭和28）年に愛知県豊明町に開場した。これは1959（昭和34）年の空撮写真であり、この後、豊明町は名古屋のベッドタウンとして発展して、1972（昭和47）年に市制を施行し豊明市となっている。右上（南）側には東海道（国道1号）と名鉄名古屋本線が通っており、競馬場の開場とほぼときを同じくして、名鉄の中京競馬場前駅が開業している。◎1959（昭和34）年2月　提供：朝日新聞社

有松
ありまつ

開業 1917（大正6）年5月8日
所在地 愛知県名古屋市緑区有松2102

　「有松絞り」「鳴海絞り」で有名なのが、現在は名古屋市緑区となっている有松・鳴海地域である。現在は国の伝統工芸品に指定されている。このうち、有松は江戸時代、東海道沿いに開かれた新しい集落で、地域の産業として三河木綿に絞り染めを施した「有松絞り」が考案された。この有松絞りはその後、尾張藩による営業独占権を得て、有松は大いに栄えた。また、その下請けは鳴海などの周辺地域でも行われ、明治維新後は鳴海、大高などでも生産された。鳴海は宿場町であり、街道を行く人々に売られたため、江戸では「鳴海絞り」とも呼ばれていた。

　有松駅付近には古い町屋が建ち並んで、名古屋市から指定された「有松街並み保存地区」があり、1984（昭和59）年には展示施設、有松鳴海絞会館が開館している。また、毎年6月には有松絞りまつりが開催されている。

　名鉄の前身のひとつ、愛知電気鉄道は1917（大正6）年3月、有松線の神宮前〜笠寺（現・本笠寺）間で開業し、同年5月、笠寺〜有松裏間を延伸している。このとき、終着駅となったのがこの有松裏駅である。その後、1923（大正12）年4月、有松裏〜新知立（仮駅）間が開通し、岡崎線と改称されている。有松裏駅は1943（昭和18）年に有松駅と改称した。当初は地上駅舎であったが、2001（平成13）年10月からは橋上駅舎が使用されている。現在の駅の構造は相対式ホーム2面2線の橋上駅で、快速特急、特急は通過し、一部の急行、準急、普通が停車する。

2001（平成13）年に橋上駅舎の共用が開始された有松駅。その後にホームの嵩上げ工事も実施された。

朝日新聞社のヘリコプターから撮影された、1978（昭和53）年の有松町駅付近の空撮写真である。有松町は1964（昭和39）年に名古屋市に編入され、緑区の一部になっていた。旧東海道の街並みの残る旧有松町一帯は、1984（昭和59）年に名古屋市の有松町並み保存地区に指名され、2016（平成28）年には国の重要伝統的建造物群保存地区に選定された。現在は文化庁が認定した日本遺産となっている。◎1978（昭和53）年8月11日　提供：朝日新聞社

左京山 さきょうやま

開業 1942（昭和17）年6月10日
所在地 愛知県名古屋市緑区左京山405

朝夕は県立鳴海高校に通う生徒で賑わう左京山駅。原則は普通列車のみの停車駅だが、平日朝には下りの準急1本が停車する。

北側を名鉄名古屋本線と東海道、南西側をJR東海道本線、南東側を名古屋第二環状自動車道に囲まれる形で広がるのが、大高緑地である。大高緑地は戦前に環状緑地帯として計画され、戦後の1952（昭和27）年に事業が着手されて、1963（昭和38）年に開園した。現在は愛知県営の緑地公園であり、計画公園面積は約121ヘクタールで、既に100ヘクタール以上が開園している。ゴーカートのある交通公園やプール、野球場、テニスコートなどの施設があり、緑区区民まつりの会場ともなっている。

左京山駅は、この大高緑地の北側のゲート付近にあり、1942（昭和17）年に開業した。現在の駅の構造は、相対式ホーム2面2線の地上駅である。快速特急、特急、急行は通過し、準急の一部、普通が停車する。駅の南側、大高緑地との間には、名古屋市立左京山中学、愛知県立鳴海高校が存在する。「左京」は、室町時代の人名で、後に地名となったといわれている。鳴海高校は1976（昭和51）年に開校している。

鳴海 なるみ

開業 1917（大正6）年5月8日
所在地 愛知県名古屋市緑区鳴海町向田1-3

2006（平成18）年に高架駅となった鳴海駅。その後、リベスタ鳴海が誕生して、鳴海南駅前広場も新設された。

江戸時代、日本の陸上交通の大動脈だった東海道は、現在JR東海の本社が置かれている大都市、名古屋という城下町を通っていなかった。当時のメインルートは、宮（熱田）と桑名の間を舟で行く海路となっており、現在の名古屋市内にあった東海道五十三次の宿場は、宮と鳴海の2つである。この鳴海宿があった場所に、東海道とほぼ並行して走る名鉄名古屋本線の鳴海駅が置かれている。

鳴海宿は、もともとは鳴海城（根古屋城）があったが、江戸時代には東海道40番目の宿場町として、本陣1軒、脇本陣2軒、旅籠68軒が存在した。現在、宿の東の入り口だった平部町には、1806（文化3）年に建立された常夜灯が残されている。また、西の入り口だった丹下町には1792（寛政4）年に建立された常夜灯がある。駅前通りと東海道との交差点には、屋根のついた高札場が復元されている。

鳴海宿があった鳴海村は、1889（明治22）年に町制を施行して鳴海町となる。1963（昭和38）年に名古屋市に編入されて、名古屋市緑区の一部となった。

鳴海城の跡地は、駅の北側に城跡公園として整備されている。一方、東海道を越えた駅の南側には、鳴海八幡宮が鎮座している。神社の境内には樹齢1000年を超す御神木の大楠がそびえている。この神社の南側には、JR東海道線の大高駅が置かれている。この駅付近には鷲津砦跡、鷲津砦公園があり、大高城とともに桶狭間合戦の前哨戦の舞台となった場所である。

鳴海といえば、平成時代にテレビCMや番組で有名になった100歳超えの双子姉妹、きんさんぎんさんが生まれた場所である。二人は1892（明治25）年、当時の愛知郡鳴海村で生まれ、明治、大正、昭和、平成という時代を生き抜いて存在感を示した。1993（平成5）年には、大晦日のNHK紅白歌合戦の応援ゲストとして出演している。

さて、名鉄の鳴海駅は、1917（大正6）年5月に愛知電気鉄道の駅として開業している。1930（昭和5）年には、駅の南東に鳴海車庫が開設され、神宮前車庫の機能が移転してきた、2006（平成18）年に高架線が完成し、駅も高架駅となった。現在の駅の構造は島式ホーム2面4線を有する高架駅である。快速特急は通過し、一部の特急、急行、準急、普通が停車する。なお、約21000平方メートルの面積があった、鳴海車庫は舞木検査場、豊明検車区に機能を移して、1997（平成9）年3月に廃止された。

3900系の最終増備編成（2904F）は発電ブレーキ・中継弁・Tc‐M‐M‐Tc編成などの新機軸が採用され、5000系への橋渡し的要素が盛り込まれていた。◎左京山　1982（昭和57）年6月　撮影：寺澤秀樹

名古屋本線でも普通のみの停車駅ともなると、昼下がりはのんびりとした時間が過ぎていく。◎左京山　1982（昭和57）年6月　撮影：寺澤秀樹

普通電車しか停まらない駅でも高校生の下校時にはそれなりの賑わいがあった。◎左京山　1982（昭和57）年6月　撮影：寺澤秀樹

現在は名古屋市緑区となっている鳴海町には、昭和初期から中期にかけて、鳴海球場という野球場が存在した。1927（昭和2）年にオープンしたこの野球場は、沿線開発の一環として愛知電気鉄道（現・名鉄）が建設したもので、2万人を収容するスタンドをもつ現在の国際規格を上回る規模であった。ここではプロ野球の公式戦や日米野球などが開催された。しかし、1958（昭和33）年に閉場し、翌年に名鉄自動車学校に変わった。◎1976（昭和51）年7月21日　提供：朝日新聞社

鳴海に停車する7000系パノラマカーの急行。鳴海は急行停車駅だった。パノラマカー7000系および7500系は1964（昭和39）年まで毎年増備され、急行や名古屋本線以外の線区にも進出した。鳴海駅は2006（平成18）年に高架化されている。
◎鳴海　1963（昭和38）年3月22日　撮影：荻原二郎

100年前の名鉄沿線風景（4）

五十三次の内 宮【明治中期】
東海道五十三次の宿場を撮影した古写真のうち、宮（熱田）宿を写したものである。右に見える常夜灯は、宮の渡しに通う船の目印となったもので、1955（昭和30）年に宮の渡し公園に復元された。

鳴海球場（愛電グラウンド）【昭和戦前期】
「東の神宮、西の甲子園」に負けない本格的な野球場として、愛知電気鉄道（名鉄）が建設した鳴海球場。1931（昭和6）年、1934（昭和9）年には日米野球が開催され、ベーブ・ルースも参加した。

熱田神宮【明治後期～大正期】
神々しい雰囲気を漂わせている熱田神宮の境内。熱田神宮の社殿は、尾張造であったが、1893（明治26）年に新しく神明造で建てられた。この社殿は太平洋戦争で焼失し、1955（昭和30）年に再建された。

熱田神宮神輿渡御神事
【明治後期〜大正期】
熱田神宮では、5月5日に神輿渡御神事という行事が行われている。この当時は、神輿（みこし）を中心にした古式ゆかしい行列が、本宮から旧・国宝だった鎮皇門（戦災で焼失）まで進んでいった。

熱田湊【明治後期〜大正期】
「宮の渡し」のあった熱田湊（港）は、堀川によって名古屋市街の中心地と結ばれていた。これは多くの和船が係留されている港の風景で、「熱田名勝　堀川下流」のタイトルが付けられている。

熱田駅【明治後期】
熱田駅は名古屋駅よりわずかに早い1886（明治19）年3月に官設鉄道の駅として開業している。東海道の要所に置かれ、熱田神宮の門前駅だった当時は、堂々たる駅舎が建てられていた。

123

本星崎 もとほしざき

開業 1917（大正6）年5月8日　**所在地** 愛知県名古屋市南区星宮町301

愛知県愛知郡には明治時代、星崎村と本星崎村が存在していた。1878（明治11）年に誕生した2つの村は、1889（明治22）年に合併して星崎村となる。その後、1906（明治39）年に笠寺村、鳴尾村と合併して笠寺村となって、星崎村は廃止された。さらに、1921（大正10）年に笠寺村が名古屋市に編入されたことで、名古屋市南区の一部に変わった。

「星崎」という地名は、本星崎駅の北西（南区本星崎町）に鎮座する星宮社に由来している。1844（天保15）年の「尾張志」には、637（舒明天皇9）年に七星が天から降り、神託があったことから社を建てたと、この神社の創建について記している。この地方には8、13世紀にも隕石が落ちたという言い伝えがあり、1632（寛永9）年、南野村に落下した隕石は、日本で二番目に古い隕石として「南野隕石」と名付けられている。

本星崎駅は、1917（大正6）年5月に愛知電気鉄道（愛電）の駅として開業した。当時、愛電（現・名鉄、常滑線）の駅として星崎（現・柴田）駅が存在したため、本星崎駅となった。現在の駅の構造は、相対式ホーム2面2線を有する地上駅となっている。快速特急、特急などは通過し、普通のみ停車する。

普通列車のみが停車する本星崎駅。1917（大正6）年に愛知電気鉄道の駅として開業している。

本笠寺 もとかさでら

開業 1917（大正6）年3月7日　**所在地** 愛知県名古屋市南区前浜通7-3

名古屋市南区笠寺町上新町にある真言宗智山派の寺院、笠覆寺は「笠寺観音」の通称で知られている。この寺は、平安時代の有力貴族、藤原兼平が妻となる玉照姫と出会った場所であり、雨の日に姫が観音像を笠で覆ったことから、兼平が姫を見初め、後にこの地に寺を建て、笠（覆）寺とした。本尊は十一面観音像で、8年ごとに開帳される秘仏となっている。

この笠寺を駅名にもつ鉄道駅は2つ存在する。ひとつはJR東海道本線の笠寺駅で、もうひとつが名鉄本線の本笠寺駅である。しかし、歴史的には名鉄駅が古く、1917（大正6）年3月に愛知電気鉄道の駅として開業したときには「笠寺」の駅名だった。その後、1943（昭和18）年6月、東海道本線に新駅が誕生したことで、「笠寺」の駅名を譲り、本笠寺駅と改称している。笠寺観音は本笠寺駅の東側にあり、東海道を挟んで本笠寺駅の反対側に位置する笠寺駅とは、かなり距離が離れている。東海道には、名古屋市内唯一の一里塚である笠寺一里塚が残されている。

現在の本笠寺駅の構造は、島式ホーム2面4線の地上駅である。東口、西口が存在するが、本駅舎は東側にあり、改札口とホームは地下通路で結ばれている。特急、急行は通過。一部の準急と普通が停車する。お隣の桜駅との距離はわずか0.7キロである。

戦前においては、この本笠寺駅と本星崎駅との間に東笠寺駅が存在していた。この駅は1927（昭和2）年12月に開業し、太平洋戦争中の1944（昭和19）年に休止、1967（昭和42）年に廃止された。

笠寺観音で縁日、六の市が開催される日に賑いを見せる本笠寺駅。一部の準急と普通列車だけが停車する。

1959（昭和34）年に改築された本笠寺駅の駅舎は、白く塗られた上部の壁が二段になっているのが特徴で、現在もほぼ同じ外観を保っている。出札口、改札口もこの当時の面影が残されている。◎1963（昭和38）年3月21日　撮影：荻原二郎

ク2500形2502を先頭にした新岐阜行き普通列車。2両目はモ830形832。ク2500形は戦時中の1942（昭和17）年にモ3500形の制御車として3ドア、ロングシートで登場した。◎本笠寺～本星崎　1972（昭和47）年6月6日　撮影：安田就視

7500系パノラマカーの新岐阜行き特急。この区間を含む鳴海～堀田間は踏切が多く全国有数の「開かずの踏切」もあるため高架化計画が進められている。◎本笠寺～本星崎　1972（昭和47）年6月6日　撮影：安田就視

本笠寺～本星崎間での名鉄と名古屋市電との立体交差。市電は
61系統で1500形と思われる。本城中学前電停付近。名鉄はク
2502－モ832。◎本笠寺～本星崎　撮影：清水 武

桜 さくら

開業 1917（大正6）年3月7日
所在地 愛知県名古屋市南区呼続4-27-15

1983（昭和58）年に改築された桜駅。相対式ホーム2面2線は、跨線橋で結ばれている。

　南区内を進む名鉄本線の次なる駅は、呼続4丁目に置かれている桜駅である。この駅は1917（大正6）年3月に愛知電気鉄道の駅として開業している。優雅な「桜」の駅名を有しているが、地名の由来は狭い窪地という「狭（さ）・座（くら）」で、「作良」とも表されていた。呼続村の前身のひとつである千竈村は、1878（明治11）年に4つの村が合併して誕生するが、その中のひとつが駅名の由来となる桜村だった。

　桜駅南側の線路沿いには、桜神明社が鎮座している。この神社のある場所は、「ひめ塚」と呼ばれた桜神明社古墳の上であり、この古墳は5世紀末頃の円墳である。駅の東側は桜本町、西桜町、元桜田町で、北東には東海道と名古屋環状線が交わる桜本町交差点が存在する。ここには1994（平成6）年3月に市営地下鉄桜通線が開通し、桜本町駅が開業した。

　駅から少し離れた東側には、名古屋市立桜小学校、桜台高等学校がある。名古屋市立桜台高等学校は、1924（大正13）年に市立第三商業学校として開校し、戦後の1948（昭和23）年4月に南商業高等学校となり、同年10月に春日野高等学校と合併して、桜台高等学校となった。

　現在の桜駅の構造は、相対式ホーム2面2線の地上駅。お隣の本笠寺駅との距離は0.7キロとかなり短い。特急、快速特急などは通過し、普通のみ停車する。

呼続 よびつぎ

開業 1917（大正6）年3月7日
所在地 愛知県名古屋市南区呼続1-1-17

6両編成対応の相対式ホーム2面2線が、跨線橋で結ばれている呼続駅。駅舎は1番線ホーム側に置かれている。

　南区呼続4丁目に置かれていた桜駅の隣駅として、同区呼続1丁目に置かれているのが呼続駅である。この呼続駅は愛知電気鉄道時代の1917（大正6）年3月に開業している。この駅の隣駅は現在、堀田駅であるが、両駅の間には開業時、井戸田と南井戸田の2駅が存在した歴史がある。この井戸田駅は呼続駅と同じ1917年3月に開業し、1930（昭和5）年に移転した後、1944（昭和19）年に休止となり、1969（昭和44）年4月に廃止された。また、井戸田駅と呼続駅の間には大正時代に一時、南井戸田駅が置かれていた。

　1969年2月に神宮前～呼続間は高架化されて、この区間の踏切において見られた交通渋滞は緩和された。なお、現在の呼続駅は、相対式ホーム2面2線の地上駅で、ホームは6両編成への対応となっている。快速特急、特急などは通過し、普通のみ停車する。

　現在は名古屋市南区にある呼続駅だが、かつては愛知郡に呼続町が存在した。歴史をさかのぼれば、

1889（明治22）年に豊田村と千竈村が合併して呼続村が誕生。1897（明治30）年に町制を施行し、呼続町となった。1906（明治39）年には、瑞穂村と弥富村を編入して町域を拡大するが、1921（大正10）年に名古屋市に編入されて、南区の一部となっている。古くは、「日本書紀」の時代に「あゆち（年魚市、吾湯市）」の里があって、鎌倉時代ごろから呼続の浜と呼ばれるようになった。ここでは「鳴海潟夕浪千鳥たちかへり友よびつぎの浜に啼くなり」の短歌が詠まれていた。

堀田
ほりた

開業 1928（昭和3）年4月15日
所在地 愛知県名古屋市瑞穂区新開町28-26

次の堀田駅は、瑞穂区新開町に置かれている。1928（昭和3）年4月、愛知電気鉄道時代に開業し、当時の名古屋市電との連絡駅となった。1930（昭和5）年7月に現在地に移転している。当初は北口だけであったが、1960（昭和35）年に南口が新設されている。その後、1960年代後半に上下線が高架化されて、地上駅から高架駅に変わった。1972（昭和47）年には、駅ビルが誕生している。現在の駅の構造は相対式ホーム2面4線の高架駅で、待避線が存在する。快速特急、特急は通過し、急行、準急、普通が停車する。かつて連絡していた名古屋市電は廃止となったが、それに代わる形で、名古屋市営地下鉄4号線（現・名城線）の堀田駅が開業している。この地下鉄堀田駅は堀田通（空港線）を約300メートル南下した場所に置かれている。

この両駅の間には、ミシン・プリンターなどのメーカーとして有名なブラザー工業の本社、ブラザー記念病院やブラザーミュージアムが存在する。ブラザーミュージアムは2005（平成17）年にオープンしたブラザー工業の企業ミュージアムで、入場無料となっている。また、この西側には金属製品メーカーのパロマ、暖房器具・空調機器メーカーのトヨトミの本社も置かれている。トヨトミ本社のあるのは瑞穂区の桃園町である。このあたりはかつて桃源郷（桃の木の名所）だったといわれ、その名残を示す桃ノ木神社が鎮座している。

堀田駅は相対式ホーム2面2線を有する高架駅。駅の東口は、名古屋市道堀田高岳線（空港線）に面している。

また、駅の北東にあたる現在の瑞穂区大喜町には、明治から昭和戦前期にかけて大喜梅林と呼ばれる観梅の名所が存在した。1892（明治25）年に呼続村の豪商・俳人が「晴雪園」という梅園を開き、やがて多くの観光客が訪れるようになった。1929（昭和4）年に発行された「愛知電鉄沿線御案内」にも、この梅林が記載されている。

呼続−桜間の切通し区間を行く7000系パノラマカーの急行豊橋行き。左側のうっそうとした森は山崎城址で隣接して安泰寺がある。ここも高架化される計画である。◎呼続〜桜 1980（昭和55）年7月25日 撮影：田中義人

堀田駅貨物ホームに止まる荷物電車。元愛知電気鉄道のモ3250形3251は車体の腐食がひどくなったため、1953（昭和28）年に車体を新製して荷物電車デニ2000形2001（1形式1両）となった。正面は食パン型の独特なスタイル。1969（昭和44）年に廃車。
◎堀田　撮影：阿部一紀

堀田駅は新幹線方式の配線が採用された駅で、通過列車（特急・高速）はホームのない直線側の本線を進行する。
◎堀田　1989（平成元）年10月
撮影：寺澤秀樹
（中・下共）

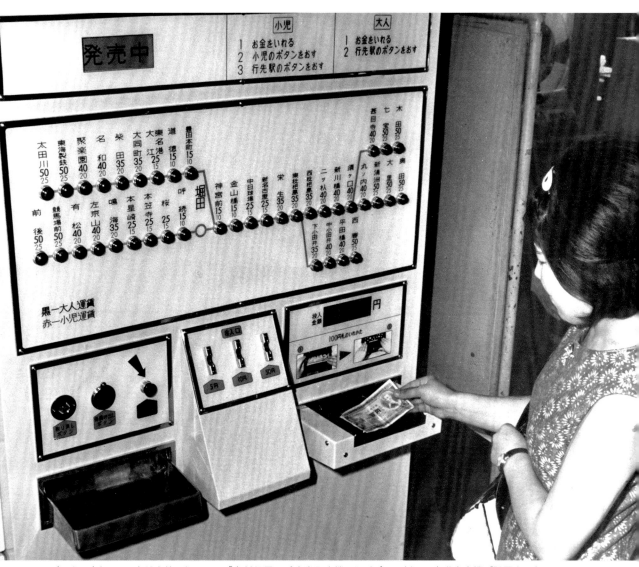

1965（昭和40）年8月、名鉄本線の堀田駅に「多種類電子乗車券発売機」と呼ばれる新しい自動券売機が設置された。これは、日本初となる3種類の硬貨とともに紙幣（100円紙幣）を使用できるタイプだった。この3種類の硬貨とは5円、10円、50円硬貨で、この当時の100円硬貨は銀製であり、現在の100円白銅貨が発行されるのは、1967（昭和42）年のことである。
◎1965（昭和40）年8月13日　提供：朝日新聞社

神宮前

じんぐうまえ

開業 1913（大正2）年8月31日　**所在地** 愛知県名古屋市熱田区三本松町18-1

名鉄の前身のひとつである愛知電気鉄道は、1912（明治45）年2月に開業している。このときの路線は傳馬（後の傳馬町）～大野（現・大野町）間で、現在の常滑線の一部にあたる。同年8月に秋葉前～傳馬間が開通し、傳馬駅は傳馬町駅と改称した。1913（大正2）年8月に神宮前～秋葉前間が延伸して、神宮前駅が岡崎線（現・名古屋本線）における名古屋側の起終点駅となった。また、ここには愛知電気鉄道（愛電）の本社、後の名鉄本社も置かれていた。現在は愛電時代の岡崎線を起源とする名鉄の名古屋本線と常滑線の分岐点となっている。

当初の神宮前駅は、現・JRの東海道本線の東側にあったが、1934（昭和9）年に西側に西口駅舎を建設した。当初の豊橋線は東海道線を渡る単線跨線橋を通り、東側に設けられた駅舎に着く形であったが、後に西口側にも駅舎が誕生したことで、1942（昭和17）年7月に西口に至る常滑線の複線路線が開通している。しかし、1944（昭和19）年9月に東西連絡線が開通し、1950（昭和25）年7月から常滑線も再び単線跨線橋を使用することとなり、その役割は薄れていく。1962（昭和37）年12月に現在のような複線跨線橋が誕生し、1965（昭和40）年9月に西駅は廃止された。その後、西口も消えることとなり、跡地には駅ビルが建てられた。

現在の神宮前駅の構造は、島式ホーム2面4線を有する地上駅で、橋上駅舎を有している。1・2・

4番線を本線、3番線を常滑線が使用している。本線、常滑線のすべての列車が停車する。東口側には名鉄神宮前駅東口ビル・第二ビルがあり、西口側には駅ビルのパレマルシェ神宮が存在する。

　神宮前駅はその名の通り、熱田神宮の門前駅となっている。一方、JRの最寄り駅である熱田駅は約500メートル離れた北側に位置し、両駅の連絡にはやや不向きである。この熱田駅は官設鉄道（現・東海道本線）の武豊〜熱田間が開通した1886（明治19）年に3月に開業。1896（明治29）年9月に現在地に移転している。熱田駅の南側、熱田神宮との間には、熱田区役所が置かれている。

　熱田神宮は、古くは尾張国三宮の熱田社で、三種の神器のひとつ、草薙剣を祀る神社として有名である。熱田社には仲哀天皇元年、646（大化2）年の創建という2つの説がある。主祭神は熱田大神で、祀られている草薙（神）剣は天照大神の神体ともされている。戦国時代には、織田信長が桶狭間の戦いの前に戦勝を祈願し、見事勝利を収めたといわれる。信長や豊臣秀吉、徳川家康は社殿を修理するなど、この神社を篤く崇敬していた。1868（明治元）年に熱田（神）社から熱田神宮となり、戦前には官幣大社に列せられていた。1945（昭和20）年6月の熱田空襲で被害を受け、1955（昭和30）年に再建された。

　熱田といえば、熱田神宮の南側を東海道が通り、東海道五十三次の宿場町のひとつである宮宿が置かれ、桑名宿との間に七里の渡しが存在したことでも知られる。現在は埋め立てが進んですっかり景色が変わったが、内田橋に近い堀川の畔には七里の渡し着場跡があり、宮の渡し公園が存在する。この公園には、1955（昭和30）年に熱田湊常夜灯が復元されている。

1階がプラットフォーム、2階が改札口となっている神宮前駅。島式ホーム2面4線で、名古屋本線と常滑線が接続する。

知多の海をPRする大きな看板が掲げられている神宮前駅。大きな三角の屋根が目印だった地上駅時代の姿である。名鉄バスの停留所やタクシーの看板がレトロな雰囲気を漂わせている時代の風景だ。◎1965（昭和40）年7月30日　撮影：荻原二郎

1930年
（昭和5年）

東町

名古屋工場

熱田

百曲街道

中野立

田新外野中

熱田神宮

社會

割五四

割番一十

組東田新田熱

三割

船方

八番割

割九八

中川

南区

千年

喜左衛門新田

道海東

知電常滑
愛電常滑街道

田新前田熱

豊田

水室

道徳

東築地

地

水族館

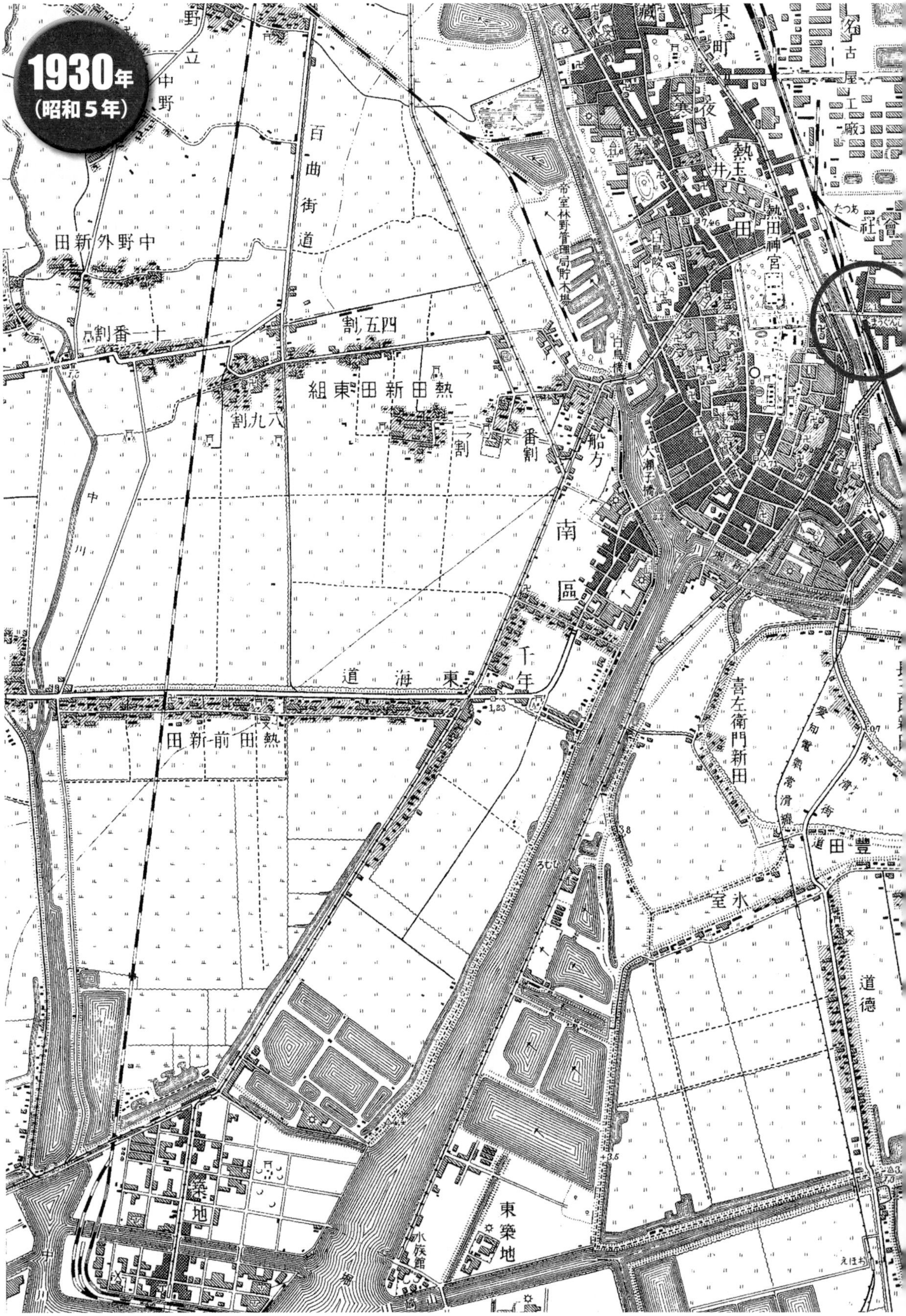

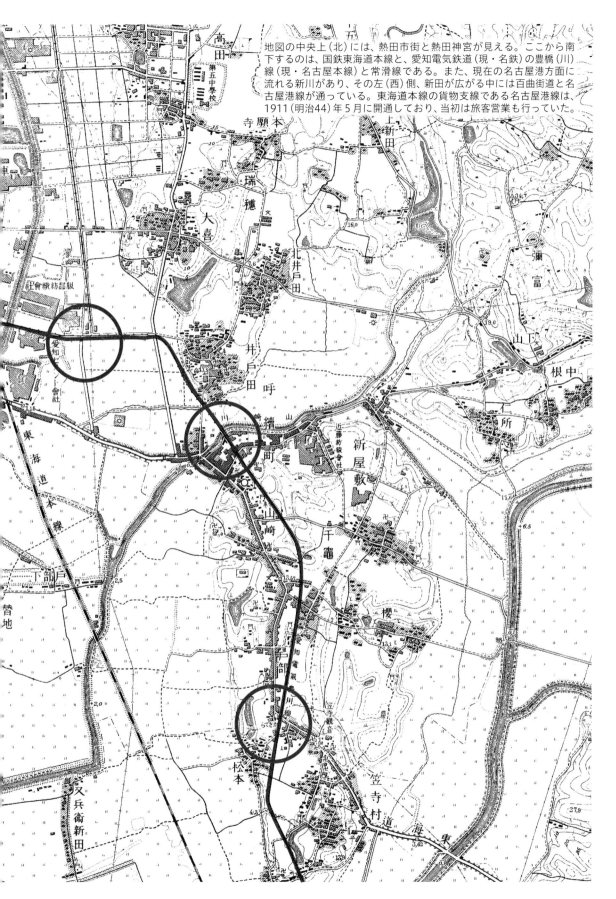

地図の中央上（北）には、熱田市街と熱田神宮が見える。ここから南下するのは、国鉄東海道本線と、愛知電気鉄道（現・名鉄）の豊橋（川）線（現・名古屋本線）と常滑線である。また、現在の名古屋港方面に流れる新川があり、その左（西）側、新田が広がる中には百曲街道と名古屋港線が通っている。東海道本線の貨物支線である名古屋港線は、1911（明治44）年5月に開通しており、当初は旅客営業も行っていた。

東海道本線、名鉄本線を跨ぐ陸橋（跨線橋）の建設中だった、
1970（昭和45）年の熱田駅付近の空撮写真である。この陸橋
を通る道路は、駅西側で伏見通りと交わる旗屋町交差点を通
り、南西の白鳥橋東交差点で東海道（国道1号）と合流してい
る。東側では、新堀川を越えて堀田通5丁目交差点方面に進
んでいく。熱田駅の南側には現在も日本車輌製造本社が置
かれているが、この頃は駅周辺に工場が多く存在していた。
◎1970（昭和45）年3月7日　提供：朝日新聞社

モ800を先頭の普通東岡崎行き2両編成。2両目はク2650と思われる。◎神宮前　撮影：清水 武

3770系と3800系の急行東岡崎行き4両編成。最後部はク2315。◎神宮前　撮影：清水 武

1965（昭和40）年8月5日、名鉄キハ8000系による高山本線直通ディーゼル準急たかやま号が神宮前〜高山間に登場した。
写真は運転開始初日。準急であるがパノラマカーと同様の連続窓、冷房付きで当時としては破格のサービスだった。
◎神宮前　1965（昭和40）年8月5日　撮影：清水 武

モ3730系4両の津島線、尾西線直通弥冨行き。◎神宮前　撮影：清水 武

5000系急行常滑行きとキハ8000系の準急たかやま号のすれ違い。1965（昭和40）年登場時のたかやま号時刻は下りが神宮前8：45〜新名古屋8：55〜高山12：04、上りが高山12：37〜新名古屋15：49〜神宮前15：57で全車指定席。
◎神宮前　撮影：清水 武

常滑線直通の5500系特急2両編成。登場時のピンクとマルーン塗装。左はすれちがう3800系のク2834。
◎神宮前　撮影：清水 武

1975（昭和50）年に東京急行電鉄から転入した3880系（先頭はモ3883）による常滑線からの普通佐屋行き。1973（昭和48）年の石油ショックでガソリンが急騰し、自家用車から電車通勤に切り替える人が増えたためラッシュ対策として東急から購入した。◎神宮前　1982（昭和57）年5月23日　撮影：荻原二郎

神宮前駅に滑り込む5500系と5300系8連の新岐阜行急行。神宮前駅の下りホーム先端は名古屋本線の下り列車を手軽に撮影できる人気ポイント。◎神宮前　2002（平成14）年5月　撮影：寺澤秀樹

1971（昭和46）年の正月、初詣客でごった返す名鉄の神宮前駅の駅前風景である。大津通りを挟んで、左（西）側には熱田神宮の緑なす林が見える。この神宮前駅は国鉄東海道本線の熱田駅とともに、名古屋市電熱田線との乗換駅であり、駅前付近は常に賑いを見せていた。この後、名古屋市電は廃止されるが、現在は市営地下鉄名城線が熱田神宮の南西側を通り、神宮西駅、伝馬町駅が置かれている。◎1971（昭和46）年1月2日　提供：朝日新聞社